AF576300

EURAFRIQUE OU LIBRAFRIQUE

© L'Harmattan, 2009
5-7, rue de l'Ecole polytechnique, 75005 Paris

http://www.librairieharmattan.com
diffusion.harmattan@wanadoo.fr
harmattan1@wanadoo.fr

ISBN : 978-2-296-07956-4
EAN : 9782296079564

Mamadou Koulibaly

EURAFRIQUE OU LIBRAFRIQUE

L'ONU et les non-dits du pacte colonial

L'Harmattan

Afrique Liberté
Collection dirigée par Claude KOUDOU

Afrique Liberté est une collection qui accueille essais, témoignages et toutes œuvres qui permettent de faire connaître l'Afrique dans toute sa diversité et toute sa profondeur. Cette collection qui reste ouverte se veut pluridisciplinaire. ***Son orientation sera essentiellement axée sur les rapports entre l'Afrique et l'Occident***. Elle refuse l'afro-pessimisme et se range résolument dans un afro-optimisme réaliste. Sur quels repères fonder l'Afrique d'aujourd'hui ? Telle est une des questions majeure à laquelle cette collection tentera de répondre. ***Afrique Liberté*** se veut un espace qui doit explorer l'attitude de l'Africain ou des africanistes dans ses dimensions mentale, scientifique, culturelle, psychologique et sociologique. Dans un monde en proie à de graves crises, un des enjeux majeurs de cette plate-forme serait de voir comment faire converger les différents pôles de compétences pour hisser l'Afrique à la place qui doit être véritablement la sienne.

Présentation du livre

La Côte d'Ivoire peut-elle sortir de la crise ? La réponse ne doit être qu'affirmative. Car les enseignements que nous donne l'Histoire montrent qu'il ne peut en être autrement malgré les différentes embûches constatées sur le chemin. La Côte d'Ivoire a été naguère présentée comme une réussite en Afrique parmi les ex-colonies françaises d'Afrique. A l'occasion de la guerre qui a éclaté dans ce pays le 19 septembre 2002, nous avons dû refaire la lecture de son histoire. Cette dernière nous indique que la Côte d'Ivoire n'est pas la vitrine qui nous avait été décrite. La réalité est beaucoup plus contrastée qu'elle ne paraît. Qu'en est-il réellement ? C'est à cette question que M. Mamadou KOULIBALY, professeur d'Economie et Président de l'Assemblée nationale de Côte d'Ivoire apporte des réponses, avec des éléments tangibles.

La crise ivoirienne déchaîne des passions. C'est un grand tort. La situation doit plutôt être abordée raison gardée. Car sans la paix et la stabilité, le développement auquel aspirent légitimement les populations sera vain. Dans le chapitre introductif, l'auteur interpelle la communauté internationale sur « le mode de résolution des conflits » en Afrique. Il évoque « la démocratie tribale » et une « africanisation de la démocratie ». Il s'agit d'inviter les élites africaines qui conduisent le destin des populations, à identifier clairement le mode de société qu'elles veulent bâtir.

Les conflits qui prospèrent en Afrique ont des causes tant endogènes qu'exogènes. Mais alors que les Occidentaux s'entendent dans leurs pays respectifs pour ce qui concerne leurs intérêts collectifs, en Afrique, deux écoles continuent de s'affronter.

Une, moins confiante qui est sécrétée par les partis uniques - installés au lendemain des indépendances - qui considère que la tutelle de l'ancienne puissance coloniale est nécessaire. Et l'autre qui se veut plus épanouie, émancipée et qui entend assumer pleinement l'indépendance.

L'auteur déplore cette cacophonie. Il résume les raisons fondamentales de cette situation ainsi : « … ni les chefs d'Etat africains, généralement en place depuis plusieurs décennies, ni les puissances occidentales qui les soutiennent envers et contre tout, ne voulaient perdre le bénéfice que leur procurait l'absence de réelle démocratie dont naissent des institutions solides qui protègent les citoyens et les intérêts des populations,… ». La mondialisation nous impose aujourd'hui une ouverture qui crée des interconnexions rapides dans le monde. Le village planétaire qui en résulte devrait induire une liberté égale pour tous.

Cependant, les faits nous montrent que la France et ses anciennes colonies n'ont pas soldé leur passé commun. Puisque la France refuse d'assumer sa part de responsabilité. En fait, dans une totale hypocrisie et la langue de bois bien maniée, la France donneuse de leçons anime une fuite en avant pour repousser son lourd passé qu'elle ne veut pas affronter. Mais l'ancienne puissance tutélaire doit prendre ses responsabilités devant l'Histoire, par rapport à une vérité qui ne peut être éternellement occultée.

Lorsque M. KOULIBALY s'est mis à expliquer que l'attitude des autorités françaises à l'endroit de celles ivoiriennes - à travers cette crise - prend sa source dans le pacte colonial, il a été taxé d'extrémiste ou de nationaliste.

Tous termes à consonance péjorative qui viennent balayer d'un revers de la main la problématique posée. Une manière de refuser d'aborder le fond. Il a été diabolisé parce qu'on ne voulait pas entendre raison. Les autorités françaises ont tenté de marginaliser M. KOULIBALY parce qu'il dit à la face du monde la vérité que la France ne veut pas entendre ; la vérité qu'elle ne veut pas qu'on sache, un discours en dehors de celui convenu de certains intellectuels africains.

La démonstration qui est faite à travers ce livre s'appuie sur des faits. L'auteur y parle des « principes flous du pacte colonial ». Il s'agit ici d'amener les Africains à revisiter leur propre Histoire, de l'assumer ensuite pour envisager des perspectives appropriées. L'auteur insiste prioritairement sur la nécessité de la Liberté, de l'Indépendance effective et de la Démocratie, vecteurs du développement parce que ce triptyque conditionne la « bonne gouvernance ».

M. KOULIBALY met à juste titre en évidence comment l'Occident réduit le débat au « fait ethnique » dès lors qu'une crise éclate en Afrique. Cette caricature a failli donner raison à « l'ivoirité » en Côte d'Ivoire.

Observons ensemble que lorsque des accords ne conviennent plus aux Occidentaux, ils les dénoncent et en signent de nouveaux – qu'ils trouvent adaptés – . Les accords qui existent entre l'Afrique et la France (ou l'Occident de façon globale) datent bientôt d'un demi-siècle. Les Africains veulent la révision de ces accords parce qu'ils ne conviennent pas. On note que la crise qui sévit en Côte d'Ivoire est la manifestation du refus de la France de s'asseoir avec les Africains pour discuter. Cette posture autocratique vis à vis des Africains est en contradiction avec les valeurs défendues par les autorités françaises dans l'Hexagone et dans l'Union européenne par extension.

L'auteur dénonce également, les incohérences des instances internationales notamment l'ONU, à travers laquelle des grands pays font entorse à la déclaration universelle des Droits de l'Homme. Ce livre démontre que malgré les apparences, la France reste enfermée dans un archaïsme. Mais ce qui est demandé à la France, ce n'est pas de se replier sur elle-même parce qu'elle « a honte » de son Histoire. L'auteur évoque le message du 1er janvier 2006 du Pape Benoît XVI à propos de la crise ivoirienne, sur le thème de « Vérité de la Paix ».

Aussi, avec pertinence, l'auteur pose-t-il la problématique de l'immigration. Il y apporte des réponses adéquates en démontrant par exemple comment l'immigration peut être jugulée par l'abandon « d'accords de coopération rétrogrades, étatistes » et infantilisants. Dans ce même élan, l'auteur soutient que les solutions du développement de l'Afrique ne se trouvent pas dans le scellage de l'Eurafrique mais plutôt dans la Librafrique.

Enfin, pour inviter la France à endosser entièrement son passé et à en tirer toutes les conséquences, M. KOULIBALY termine son livre en citant des exemples de grands pays qui ont fait l'effort de solder leur « contentieux historique » avec leurs ex-colonies.

Nous avons à travers ces écrits la mise à disposition de la déconstruction d'un mythe, pour inviter les Africains à s'assumer entièrement.

Dr Claude KOUDOU, Enseignant-écrivain

Paris, le 11 Novembre 2008

I- MODE DE RESOLUTION DES CONFLITS EN AFRIQUE ET LA DEMOCRATIE TRIBALE

« La mise en place de nouvelles institutions est l'une des taches les plus difficiles auxquelles se trouvent confrontés les responsables politiques d'une démocratie naissante. L'évolution du pays dépendra en effet beaucoup de la qualité de ses institutions.

Si l'on cherche à théoriser les leçons de ces expériences, on arrive à la conclusion qu'il est possible de classer les régimes démocratiques selon deux critères très importants :

(1) le mode de désignation du chef de l'exécutif, qui peut être élu au suffrage universel (régime présidentiel) ou représenter la majorité des législateurs (régime parlementaire) :

(2) le mode d'élection des députés, qui peuvent être choisis selon une règle majoritaire ou proportionnelle. »

Guy LARDEYRET

En Afrique, bien de choses se déroulent souvent en marge des normes internationalement admises. Depuis quelques années, une nouvelle définition du mot « démocratie » semble prendre forme et se répandre sur tout le continent, avec la bénédiction des plus grandes organisations internationales. Doit-on se résigner à une version tropicalisée de la démocratie dans nos pays ?

Depuis une vingtaine d'années environ, des évènements repères se déroulent dans le monde, conduisant au bouleversement des équilibres politiques, bien souvent instables. Pour ce qui concerne l'Afrique, la chute du mur de Berlin et le démantèlement de l'Union Soviétique, puis le discours de François Mitterrand à la Baule ont été des catalyseurs qui ont pratiquement précipité la fin des régimes politiques monolithiques articulés autour de parti unique dont le chef était le chef de l'Etat avec tous les droits légaux et illégaux.

Pour les hommes politiques africains combattant ces régimes, souvent au prix de la prison et autres humiliations, ou même au risque de leur vie, le discours de la Baule était porteur d'espoir, parce que prononcé du haut d'une tribune publique par le président de la République française. D'ailleurs, si Mitterrand, dans l'élan des émotions produites par les événements historiques en cours dans les pays de l'Est, s'est donné la liberté de prononcer un tel discours novateur, c'est bien parce qu'il connaît l'étendue de son influence sur la politique menée dans le pré carré français en Afrique. Ce que l'on a appelé "Vent de l'Est" était supposé emporter la poussière du parti unique et autres dictatures, pour laisser l'éclat de la démocratie prendre place. La démocratie semble alors avoir pris pied en Afrique, mais sous une forme tropicalisée et à l'africaine.

1) Africanisation de la démocratie

De l'Afrique du Sud à la République Démocratique du Congo, en passant par l'Angola, et, du Gabon au Sénégal en couvrant tous les pays francophones, toute l'Afrique fut embrasée par cette soif de liberté et le feu des potentats locaux. Malgré la résistance farouche des Partis-Etat, l'ouverture au multipartisme s'est opérée, et l'élection à candidature multiple a déferlé sur le continent. Tout semblait alors se dérouler dans le sens de la volonté populaire.

Malheureusement pour nos pays, ni les chefs d'Etat africains, généralement en place depuis plusieurs décennies, ni les puissances occidentales qui les soutiennent envers et contre tout, ne voulaient perdre le bénéfice que leur procurait l'absence de réelle démocratie dont naissent des institutions solides qui protègent les citoyens et les intérêts des populations. Les chefs d'Etat en Afrique n'ont de compte a rendre à personne.

Pour garder leurs privilèges, tout en faisant bonne figure aux yeux du monde, ils inventent une nouvelle forme de démocratie édulcorée qui protège à la fois leur image manipulatrice et leurs privilèges abusifs.

Une démocratie africanisée qui se résume à l'équation : multipartisme + élection = Démocratie. La mise en pratique de cette équation pour assurer la production des biens et services dans les économies africaines s'illustre de la même manière d'un pays à l'autre sur le continent, dans un schéma maintenant bien rôdé. Bien que des structures de gestion des élections, qualifiées d'indépendantes, soient mises en place, les élections font l'objet de grandes manipulations qui débouchent sur des contestations de résultats, généralement suivies de violences post-électorales. Pendant que le chef de l'Etat s'autoproclame vainqueur et conserve son pouvoir, la rue s'embrase et la répression s'installe. En même temps que les conditions de vie des populations, l'économie s'effondre et la misère s'installe. C'est alors que les pays riches, qui commencent à voir leurs intérêts menacés par cette instabilité, se mettent ensemble avec les institutions régionales et internationales, l'ONU et l'Union Européenne en tête, pour courir au chevet des pays débiteurs et malades.

De cette intervention, découle toujours le même scénario de solution : le partage du pouvoir par la classe politique active (activiste).

C'est la démarche retenue au Togo en avril 2005, au Kenya en décembre 2007, puis au Zimbabwe en mars 2008, par exemple. Une nouvelle approche qui donne des gouvernements hybrides complètement inopérants, où chaque ministre prend sa feuille de route auprès de son parti, au détriment de la cohésion gouvernementale. Les institutions deviennent ainsi fragiles, dans le pur style de la quatrième République française.

Dès lors, aucun développement ne peut s'envisager, les pratiques détestables que la démocratie devait changer, restent en place et les privilèges de tout bord sauvegardés, alors que tous les partis politiques se sentent redevables à ceux qui ont aidé à la mise en place de ce gouvernement hétéroclite.

On a sauvé l'image, mais on conserve les intérêts. Joli tour de passe-passe.

Pendant que l'Afrique passe son temps à déplorer l'inefficacité de ces gouvernements improductifs, c'est autant de temps qu'elle ne passe pas à affronter les vrais défis du développement, et les règles commerciales en vigueur qui nous pénalisent tant, se poursuivent tranquillement au bénéfice de nombreux secteurs protégés par des législations étatiques.

Cette formule semble si efficace et si bénéfique à ses promoteurs que même lorsqu'il n'y a ni contestations des résultats des élections, ni agitations sociales post-électorales, donc aucune nécessité de partager le pouvoir, on s'active à entraîner tous les principaux partis dans le gouvernement, annihilant complètement le rôle stimulant que peut exercer une opposition digne de ce nom, dans un système démocratique. Les gouvernements africains issus de ce modèle se nomment très souvent gouvernement de transition, ou de réconciliation, d'union, de consensus, d'unité, de concorde etc.

Le Mali l'a bien compris, de même que le Sénégal et le Bénin, le Gabon jouant le maestro dans ce chapitre. Et bien d'autres encore. Les partis d'opposition font, pour ainsi dire, de la figuration sur l'échiquier politique. Les politiciens sont satisfaits et les peuples trinquent.

Pourquoi les Africains, qui se proclament tous démocrates, acceptent-ils le partage du pouvoir, si rien ne les y oblige ? La démocratie, c'est l'exercice du pouvoir par celui qui a gagné les élections, dès lors qu'elles sont propres et non contestées.

L'équation africaine « Multipartisme + Election = Démocratie » donne tellement de « bons » résultats pour ses initiateurs, que l'on cherche à l'implanter partout, même dans les contextes de conflit armé.

2) Election sortie du canon

Après environ une trentaine d'années de guerre largement entretenue par les grands pays du monde, la communauté internationale, celle de ces mêmes grands pays, a fini par inventer en Angola une nouvelle orientation dans la pratique de l'élection présidentielle.

Il s'agit de permettre à chaque partie en conflit, de garder ses armes à la main, tout en s'engageant dans un processus électoral « démocratique », tels des joueurs de poker dans un saloon de film western américains, chacun des joueurs ayant déposé son revolver sur la table, au cas où, pour ne pas perdre ses privilèges.

Cette « ingénieuse » idée sortie du chapeau de prestidigitateur politique est avant tout un échec patent de l'ONU, notre organisation mondiale qui est supposée garantir la paix.

Lorsque ce choix a été fait en Angola en septembre 1992, on se demande bien aujourd'hui à quel aboutissement s'attendaient les architectes d'une telle solution.

Dès les résultats du premier tour ne donnant aucun candidat vainqueur, mais plaçant en tête le candidat du MPLA, parti au pouvoir, la rébellion de l'UNITA les a dénoncés et a refusé les négociations proposées par la communauté internationale pour l'organisation d'un second tour. La suite logique a été la reprise de la guerre. Et cette fois, les combats se sont déroulés à l'arme lourde dans la capitale et il en a résulté des batailles parmi les plus meurtrières de ces trente années de guerre. Les choix opérés ont ainsi conduit la guerre au cœur de la capitale Luanda. Etait-il si difficile de prévoir cette issue ? On peut en douter. D'autant plus que les mêmes causes produisant les mêmes effets, un scénario identique s'est déroulé à quelques lieues de Luanda dans l'ex-Zaïre.

En juillet 2006, alors que la RDC est déchirée sur son territoire par une guerre multiforme, la communauté internationale finance grandement, sous l'égide de l'ONU, et organise de bout en bout une élection présidentielle, en laissant les protagonistes conserver leurs armes, y compris les plus lourdes. La leçon de l'Angola n'a pas servi quatorze ans plus tard. Les organisateurs de l'élection proclament les résultats du premier tour. Le MLC, parti d'opposition au président sortant, rejette ces résultats qui placent le parti présidentiel en tête. La capitale est alors plongée dans une bataille de rue meurtrière, avec usage d'armes lourdes, conduisant les soldats onusiens de la MONUC et européens de l'Eufor à intervenir avec vigueur. Malgré cela, les rebelles de la RDC n'ont jamais été totalement désarmés. Deux ans plus tard, en octobre 2008, la guerre reprend de plus belle, avec sa cohorte de miséreux jetés sur les routes dans une humiliation insoutenable.

Nos grands stratèges de l'ONU et des grands pays dirigeant les affaires du monde, ne pouvaient-ils pas prévoir cette évolution désastreuse de la situation, alors que tout y concourait ? Ou alors, faudra-t-il se demander si la réelle motivation de leur présence en RDC est à chercher ailleurs. Le statut de la RDC n'a guère changé ; comme son géniteur le Zaïre, elle reste un « scandale géologique ».

Une autre question est de savoir si ces solutions hasardeuses sont imposées aux dirigeants africains, ou s'ils sont eux-mêmes adeptes de ces choix à hauts risques, car ces deux leçons ne semblent avoir pas été bien comprises, vu que le même cheminement semble se mettre en place en Côte d'Ivoire.

Alors que les étapes préliminaires de l'organisation sont en route, et que tout le monde réclame à cor et à cri une élection réellement démocratique, on passe sous silence le fait que les armes qui ont nourri la guerre depuis septembre 2002, n'ont pas encore été retirées. Et cela ne semble inquiéter outre mesure. Comme si la possession des armes par les parties était devenue une donnée normale dans l'organisation d'élection « démocratique » sur le continent. Avant de franchir l'étape cruciale de l'élection, les Ivoiriens devront d'abord se demander, au regard des expériences angolaise et congolaise, quelle situation nous voulons avoir dans le pays lorsque les résultats de l'élection seront proclamés.

Quelle sera la réaction de ceux qui seront déclarés vaincus ? Dès lors que l'on a les armes en main, la logique ne voudrait-elle pas que l'on s'en serve pour récupérer de force, ce dont on considère avoir été injustement dépossédé ? En RDC, l'ONU avait qualifié de démocratique, l'élection qu'elle a organisée, et tous les protagonistes avaient semblé être d'accord.

Cela n'a pas empêché la reprise des combats et l'assassinat de nombreux civils.

Comme les Ivoiriens, les Africains doivent chercher à savoir s'ils veulent véritablement instaurer une démocratie dans leurs pays, auquel cas il faut en suivre les règles qui ne sont pas à géométrie variable.

A moins que ceux qui rejettent ce choix ne l'affirment clairement et inventent une nouvelle forme de désignation des dirigeants et la manière dont ils doivent conduire les affaires de l'Etat. Des réflexions sérieuses et sans poudre aux yeux ni langue de bois.

II- QUINZE MILLIARDS A SORO POUR QU'IL NOUS SORTE DE LA CRISE

Sortie de crise : une affaire d'argent ? Non !

Les réserves sur l'aide de 193 milliards promise par la communauté internationale

« Au commencement, l'argent a permis d'acheter les armes et les armes par la suite ont volé l'argent, rendant tout le monde un peu plus pauvre qu'avant dans le pays. » *Anonyme.*

Le Cabinet du Premier Ministre vient par la presse nous faire savoir que le maître des lieux, Soro K. Guillaume était à la recherche de 198 milliards de francs Cfa pour notre programme de sortie de crise. Pour sonder les intentions des bailleurs de fonds après celles exprimées par le budget de l'Etat, Soro a organisé, avec un mois de retard, une table ronde avec les éventuels donateurs. Ceux-ci lui auraient promis environ 194 milliards.

Entre le budget de l'Etat d'une part et les bailleurs de fonds de l'autre, notre sortie de crise semble fortement déterminée par un problème d'argent. Soro lui, travaille selon les termes d'un contrat négocié à Ouaga et qui s'est matérialisé par un décret pris par le Président de la République le 29 Mars 2007, pour faire de lui le Premier Ministre employé par l'Etat de Côte d'Ivoire, tel qu'il est défini par la Constitution de 2000.

Dans le budget 2007, l'Etat de Côte d'Ivoire met à la disposition du Premier Ministre et de tous les services qui lui sont rattachés, la coquette somme de quatorze milliards cinq cent soixante huit millions deux cent quarante quatre mille six cent quatre-vingt deux francs CFA (14.568.244.682 f cfa).

Cette somme de crédits devrait couvrir les dépenses ordinaires du Premier Ministre à hauteur de 13 milliards et des dépenses d'investissement pour un montant de plus de 1,6 milliards.

Cette somme (14 milliards et demi) est à payer à Soro pour son travail et celui de son personnel en vue de lui permettre de réaliser le programme pour lequel il a été nommé.

Avec cette somme de 14 milliards, l'Etat de Côte d'Ivoire met à la disposition de Soro, au nom du peuple de Côte d'Ivoire, les gros moyens qui devraient lui permettre de s'offrir du personnel pour environ 1,100 milliards, et des abonnements pour environ 294 millions. Pour ses autres dépenses de fonctionnement c'est 11,5 milliards qui sont budgétisés pour Soro de façon souveraine. C'est à mettre au chapitre des prix à payer par les Ivoiriens pour sortir de la crise. Un effort supplémentaire. Mais tout est-il vraiment question d'argent ?

Dans le même document budgétaire qui définit les moyens mis à la disposition du Premier Ministre, il est inscrit quelques lignes plus loin, que l'Etat de Côte d'Ivoire s'engageait aussi à rembourser sa dette pour un peu plus de 545 milliards sur des dépenses totales prévues de 1961 milliards. A ses créanciers intérieurs, l'Etat promet de rembourser 155 milliards tandis que pour la dette extérieure, il est prévu de payer 391 milliards.

Le Premier Ministre sait-il que l'Etat de Côte d'Ivoire doit au titre de la dette intérieure un stock total de plus de 964 milliards de francs cfa et que nous accumulons plus de 364 milliards d'arriérés de paiement de cette somme ?

Le Premier Ministre sait-il que pour ce qui concerne la dette extérieure, les projections du gouvernement qu'il dirige estiment le stock à plus de 6.293 milliards de francs cfa et que là aussi nous accumulons des arriérés d'échéances non honorés de près de 2.000 milliards, ce montant étant supérieur à notre budget ? Entre 2004 et les projections pour 2007, la dette extérieure est en hausse d'environ 2,5%. La crise y est probablement pour quelque chose.

Pour soutenir et encourager la communauté internationale, l'Etat de Côte d'Ivoire s'est engagé à lui payer 391 milliards au titre de la dette due pour cette année 2007.

À côté de cet engagement à payer notre dette, il faut rappeler que le budget 2006 prévoyait mobiliser 112 milliards auprès des bailleurs de fonds, mais seuls 13 milliards l'ont effectivement été.

Pour 2007, les recettes extérieures souhaitées par le budget s'élèvent à 408 milliards conditionnés par le climat socio politique dont la gestion est laissée aux bons soins de Soro. Les bailleurs de fonds donnent à la Côte d'Ivoire mais la Côte d'Ivoire rembourse dans le même temps plus qu'elle n'est supposée recevoir. Curieux tout de même cette histoire de l'aide.

Faut-il expliquer que depuis 2002, la communauté internationale, qui accompagne la Côte d'Ivoire et la soutient, ne s'est financièrement engagée dans le processus de paix qu'à hauteur de 12,6 milliards ? C'est-à-dire qu'avec tout le bruit fait à Marcoussis, à Kléber, à New York et à Washington aux sièges de la Banque mondiale et du FMI, les concours extérieurs n'ont pas dépassé les 13 milliards alors que l'Etat de Côte d'Ivoire y a mis plus de 54 milliards. Le Premier Ministre sait-il que l'Etat ivoirien, sur les 13 milliards de la communauté internationale, n'a pas eu à gérer un « pikini » ? Les concours extérieurs sont mis à la disposition d'agences de coopération (allemande avec la Gtz), (française, européenne avec le Fed) ou d'agences de gestion fiduciaire.

Le PNUD aussi a été mis à contribution pour gérer les fonds de la communauté internationale.

Nous devons donc retenir que les concours extérieurs ne transitent pas par le Trésor Public ivoirien. Et le Premier Ministre n'aura pas à gérer ces fonds. Le Premier Ministre doit savoir que les 12,6 milliards de concours extérieurs qui venaient en soutien au processus de sortie de crise depuis Marcoussis jusqu'à l'accord de Ouaga ont été repartis entre 9 donateurs dont le plus gros aura été l'Union Européenne pour 5 milliards et le Danemark pour 2,4 milliards. Les autres donateurs qui se sont exprimés l'ont fait dans les proportions suivantes (en francs cfa) :

Le Japon : 1,5 milliards ;

La Coopération belge : 1,235 milliards ;

La Coopération française : 1,069 milliards ;

La Banque mondiale : 750 millions ;

Le Pnud : 705 millions ;

La Suède : 702 millions ;

Unicef : 22 millions.

Tous disent avoir injecté ces sommes dans le DDR (Désarmement, Démobilisation et Réinsertion), sauf l'Union Européenne qui a mis, en plus du DDR, près de 2 de ses 5 milliards dans les audiences foraines et 134 millions dans l'ONI (Office National d'Identification).

Le Premier Ministre devrait savoir que depuis la nuit du 18 au 19 septembre 2002, l'Etat de Côte d'Ivoire a décaissé pour la gestion directe de la crise plus de 364 milliards, dont 54 pour la sortie de crise ; 216 pour le soutien aux FANCI ; 91 pour les équipements militaires et 2 milliards environ pour la solidarité et l'action humanitaire. Tout cela parce qu'il y a eu une rébellion. Quel gâchis !

Première leçon à retenir : les engagements pris par les bailleurs de fonds lors des tables rondes ne sont que l'expression d'intentions à priori bienveillantes, comme à Kléber à l'époque. Mais ils ne peuvent signifier en aucun cas que c'est de l'argent acquis, ni d'ailleurs que c'est de l'argent qui passera par le Trésor Public ivoirien.

Deuxième leçon à retenir : Au moment où la communauté internationale se montre si généreuse avec des promesses de dons de 194 milliards, elle nous demande d'inscrire au budget 2007, pour le remboursement de ce que nous lui devons, 391 milliards (deux fois ce que nous devons lui payer). C'est à se poser la question de savoir qui soutient qui dans le deal des Tables rondes au Sofitel comme à Marcoussis ?

Pour 2007, avec l'Accord Politique de Ouaga, les choses vont probablement évoluer. L'Accord de Ouaga se chiffre globalement, selon le gouvernement, à environ 198 milliards de francs cfa. Or, l'Etat dans le budget n'a inscrit que 57,6 milliards là où les concours extérieurs disponibles par intention (concours notionnels) étaient de 43,3 milliards. La différence entre les prévisions et les capacités définit alors un écart de plus de 96 milliards que l'Etat recherchait dans cette Table ronde.

La sortie de crise selon le dispositif de Ouaga contient :

Le DDR pour environ 45,8 milliards ;

Le redéploiement de l'administration pour 23,6 milliards ;

Les audiences foraines pour 25,1 milliards ;

L'identification pour 44,9 milliards ;

Les élections pour 35,4 milliards ;

Le retour des déplacés pour 2,3 milliards ;

Le Service civique et la réinsertion pour 20 milliards.

La communauté internationale ne veut financer ni l'identification, ni le service civique. Elle a choisi selon ses propres critères de ne soutenir que ce qu'elle veut. C'est un soutien à la carte comme au restaurant, selon son goût et ... ses intérêts.

Troisième leçon à retenir : l'argent de la communauté internationale, quand il vient, va là où elle le veut, indépendamment des désirs de l'Etat de Côte d'Ivoire et de ses priorités. En définitive, ce qui est à la communauté est sous son contrôle et pour résoudre les problèmes qu'elle juge importants pour elle.

Le document budgétaire qui fixe les conditions de travail de Soro précise aussi par ailleurs d'autres dépenses et ressources attendues par l'Etat ivoirien. Ces fonds, lorsqu'ils sont envisagés, ne sont pas de l'argent mis à la disposition de Soro pour travailler. Ce sont des intentions qui se réaliseront – si elles se réalisent –, dans un cadrage sur lequel ni Soro, ni l'Etat de Côte d'Ivoire n'auront la moindre emprise. Cet argent n'est pas à Soro. C'est de la dette pour l'Etat. Ce sont des dons reçus par l'Etat. Ce sont des appuis qui, dans le budget 2007, vont être nécessaires pour mettre l'Etat en mesure de payer la totalité des échéances de la dette extérieure due au Club de Paris (103 milliards), à la Banque Mondiale (55,9 milliards), à la BAD (43,9 milliards) et au FMI (31,4 milliards) ; soit un total de 234 milliards sur les 391 à payer, c'est-à-dire 60%).

Au total, nous devons trouver pour rembourser la dette extérieure 391 milliards au titre de nos engagements pour 2007. Alors attention au triomphalisme mal placé.

L'altruisme et la générosité flamboyante de la communauté internationale ne sont ni gratuites, ni sous notre contrôle. Un mendiant heureux des promesses de ses bienfaiteurs n'est rien d'autre qu'un enfant gâté. Or l'enfant gâté est un prédateur même si tous les prédateurs ne sont pas des enfants gâtés.

Enfin, le Premier Ministre doit savoir que les concours extérieurs dont il a été question à la Table ronde du Sofitel sont conditionnés, comme l'exprime bien d'une part la lettre d'intention que l'Etat de Côte d'Ivoire a envoyée au Directeur Général du FMI, et d'autre part le mémorandum de politiques économiques et financières adopté lors de la dernière mission du Fond. Devrions-nous rappeler au Premier Ministre quelques éléments de sa lettre d'intention du début du mois de juin 2007 et quelques termes du protocole d'accord technique signé avec nos créanciers extérieurs que nous appelons tendrement bailleurs de fonds ?

1- « Avant mi-juin nous espérons réaliser des progrès significatifs dans le regroupement et le désarmement des ex-combattants ainsi que dans le démantèlement des milices. Nous entendons également réinstaller l'administration préfectorale et rendre pleinement opérationnelles les collectivités décentralisées (Mairies et Conseils Généraux) dans l'ensemble des 22 départements du Centre-Nord de notre territoire et redémarrer le processus d'identification de la population, notamment des audiences foraines avant la mi-juin 2007 ».

2- « Nous avons adopté un schéma pour l'apurement progressif à partir de mi-juillet 2007, des arriérés vis-à-vis de la Banque Mondiale et de la BAD en accord avec les deux institutions ».

3- « Le gouvernement reconnaît l'importance primordiale de l'amélioration progressive de la transparence dans la gestion des affaires publiques et de la lutte contre la fraude et la corruption ».

4- « La politique budgétaire en 2007 est celle d'une année de transition et de réunification. A cette fin, nous allons dès maintenant étendre la mobilisation des recettes à l'ensemble du territoire réunifié.

Nous allons également diminuer les dépenses non essentielles (y compris les primes de front) et celles sans impact économique et social direct ».

Ces engagements, entre autres, de l'Etat de Côte d'Ivoire ont démarré avec du retard. Et il ne s'agit pas d'un problème d'argent. La conférence des bailleurs de fonds qui était prévue avant mi-juin, selon les termes de la lettre d'intention, vient juste de se dérouler alors que rien n'a encore été fait en matière de désarmement et que les armes dispersées entre les chefs de guerre dans les zones sous contrôle rebelles leur servent maintenant à ralentir le processus de Ouaga, puisqu'elles permettent aujourd'hui d'attenter à la vie du Premier Ministre comme hier elles ont permis d'agresser des gendarmes à Anyama, des policiers à Agboville et à Noé, des populations civiles à petit Duékoué et à Guitrozon.

Pour que les bailleurs de fonds s'expriment concrètement et mettent le cash sur la table, il est attendu que Soro respecte ses engagements avec célérité. Sera-t-il capable de désarmer ses troupes rebelles alors qu'une partie de celles-ci cherchent à le tuer ? Sera-t-il capable de permettre au Trésor Public, à la Douane et aux Impôts d'aller collecter les ressources fiscales et parafiscales dans la partie du territoire encore occupée et sous administration rebelle ou bien continuera-t-il à gérer deux budgets parallèles (celui officiel de la République pris par ordonnance par le Président Laurent Gbagbo et celui informel de la rébellion, frauduleux, injuste et anticonstitutionnel) ? Soro peut-il garantir la gestion transparente des affaires publiques dans les zones encore occupées ? Peut-il lutter contre la fraude et la corruption dans lesdites zones ? Que de questions qui se bousculent dans notre esprit ! Et elles sont toutes à poser au Premier Ministre. Il n'aura les fonds de la communauté internationale que s'il fait ce sur quoi il s'est engagé devant la communauté internationale.

Il y a du travail. Et Soro est bien payé pour le faire. Maintenant, arrêtons les hésitations et au boulot. La sortie de crise dans l'accord de Ouaga comme celles des accords précédents n'est pas une affaire d'argent et nous le savons tous. Ce sont les fonds qui manquent le moins à la paix.

III- LE BLUES DE LA REPUBLIQUE

« Dans son livre à succès de 1978, intitulé "The way the world works", Jude Wanniski célébrait les succès de la Côte d'Ivoire jusqu'alors. Pour Wanniski, la Côte d'Ivoire était la vedette de l'Afrique. [...] Depuis 1978, le pays vedette de Wanniski a donné le spectacle de l'un des effondrements les plus spectaculaires. [...] Les Ivoiriens sont aujourd'hui cinquante pour cent plus pauvres qu'en 1978. » William EASTERLY in « Les pays pauvres sont-ils condamnés à le rester ? » (2006, p. 252).

« Le FPI vole ». « Le FPI est incompétent ». « Le FPI est corrompu ». Telles sont les complaintes et les cris que l'on entend depuis quelque temps, de la part d'un certain nombre de politiciens et d'intellectuels non moins politiques, défenseurs de l'ancien régime du parti unique. Mais au lieu de montrer la route de la justice au FPI, les défenseurs de cette thèse exigent simplement que le Front Populaire Ivoirien renonce à gouverner la Côte d'Ivoire et acceptent de s'allier à des envahisseurs étrangers pour rendre le pays ingouvernable, à moins qu'il ne leur soit au minimum permis de partager le pouvoir du Président Laurent Gbagbo. Parmi ces intellectuels, Tiburce Koffi, qui n'hésite pas à proclamer l'agonie du jardin ivoirien et la trahison de ses rêves et ambitions. Les défenseurs de ces différentes thèses fondent leur argumentation sur le raisonnement suivant : Les refondateurs, après avoir critiqué l'ancien régime, sont tombés eux aussi dans les mêmes travers. Donc il faut leur retirer le pouvoir et le remettre à ceux que les Français avaient choisis, au commencement de l'histoire de notre indépendance, pour gouverner la Côte d'Ivoire. A défaut, disent les extrémistes de cette vogue, la France n'a qu'à venir nous re-coloniser et reprendre ce qui est à elle : la Côte d'Ivoire qu'elle a créée de toutes pièces ; une colonie conquise, baptisée, exploitée et rattachée à elle par le Pacte colonial.

1) Nostalgique raisonnement anti-refondateur

Dire que l'ancien régime s'est bloqué lui-même par le Pacte colonial n'est pas une élucubration. C'est un fait que les critiques les plus sévères de la Refondation reconnaissent eux-mêmes quand ils s'étonnent que, partie dans les années 50-60 avec un niveau de développement presque identique, l'Asie a aujourd'hui considérablement devancé l'Afrique noire en termes de progrès, et que le fossé ne cesse de s'agrandir entre ces deux mondes. Nous en Afrique, vivons tournés vers le passé tandis que le reste du monde vit tourné vers l'avenir, vient de nous rappeler à juste titre Nicolas Sarkozy, président de la République Française, en visite officielle à Dakar (juillet 2007).

C'est un fait mondialement connu que les pères fondateurs de l'Afrique noire ont relativement plus mal travaillé que ceux d'ailleurs, alors qu'ils sont très souvent restés beaucoup plus longtemps au pouvoir. Ce constat ne saurait souffrir d'aucune contestation partisane. Ce qui fait dire à William Easterly à la page 290 de l'ouvrage cité en introduction que « si les politiques sont vraiment la cause de la croissance, alors l'Afrique aurait été plus riche de deux mille dollars par habitant, si les politiques économiques africaines avaient été calquées sur celles de l'Asie de l'Est. » On ne peut soupçonner cet auteur, professeur à l'université de New York, ancien économiste à la Banque Mondiale et chercheur au Center for Global Development aux USA d'être un refondateur partisan et pourtant, il nous rappelle de bien vieilles conclusions.

Après avoir échoué militairement et diplomatiquement contre la Refondation en participant et en cautionnant l'agression contre l'Etat de Côte d'Ivoire, débutée le 19 septembre 2002, les adeptes de l'ancien régime réagissent donc en demandant le retrait du pouvoir de ces délinquants de refondateurs. L'attaque est maintenant orientée vers l'honorabilité, la moralité, l'honnêteté et les valeurs éthiques que les refondateurs étaient supposés défendre et appliquer. Ils ont échoué, dit-on. Dès que le pays leur a été donné, ils ont tué l'autorité de l'Etat.

Ils vivent d'un populisme outrancier. Ils sont violents et corrompus. Non seulement ces refondateurs sont incompétents, mais en plus ce sont des voleurs, des pilleurs, des « grilleurs d'arachides », toutes choses qu'eux-mêmes critiquaient vertement lorsqu'ils étaient dans l'opposition.

La Refondation ayant échoué, disent-ils, il faut que la France impose à nouveau un diktat à la Côte d'Ivoire pour remettre de l'ordre. Les Ivoiriens sont devenus trop corrompus, la France devrait légiférer et nous imposer une dictature douce et éclairée, disent-ils. Cette thèse, bien qu'en apparence sûre d'elle et fondée, n'est en réalité qu'une vague d'impressions qui s'agencent en schéma d'explications pourtant peu conformes aux faits. Nous entrons dans un monde magique dans lequel le raisonnement procède par superstitions et juxtaposition d'impressions. Les intellectuels nostalgiques se contentent en effet d'exposer ce qu'ils voient (ou veulent bien voir) dans la politique, mais ils ignorent bien des choses qui – hélas ! – ne se voient pas, mais qui n'en ont pas moins une existence réelle et décisive. Les refondateurs auraient donc tué l'autorité de l'Etat. Ils seraient violents et corrompus.

Les refondateurs seraient les propagandistes d'un avenir qu'ils ne peuvent maîtriser. Il faut les arrêter sinon c'est à la destruction totale de la Côte d'Ivoire qu'ils nous conduisent. Tel est le raisonnement anti-refondateur.

Pour pouvoir juger du bien-fondé ou non de cette thèse, analysons plutôt les faits et nous nous rendrons compte que la réalité est un peu différente. Commençons par rechercher les causes de la pauvreté qui frappe, de façon sélective, les populations ivoiriennes et par regarder comment l'autorité de l'Etat a été écrasée avant de nous demander quelle est la part de responsabilité des refondateurs.

2) La très factuelle valse des chiffres

Depuis le début de la crise, les Ivoiriens, et avec eux de nombreux pays de la sous-région, peinent à régler les problèmes qui se posent à eux. C'est de tradition dans les pays sous-développés mais dans le cas ivoirien, malgré la crise, tous les agents économiques ne souffrent pas de la même façon. L'Etat, en particulier, a pris de la graisse. Son budget qui était en 2000 de 1780,9 milliards s'est envolé pour se situer à 1961 milliards en 2007, même si cette évolution s'est faite en dents de scie au taux de croissance annuel moyen de 1,4%.

Année	2000	2001	2002	2003
Budget Général en milliards de f cfa	1780,9	1289,1	1946,6	1518,9

2004	2005	2006	2007
1987,3	1735	1965	1961

Dans le même temps, l'économie nationale elle-même, en termes de produit intérieur brut (PIB) est passée de 7543 milliards en 2000 à 9278,4 en 2006. En 2007, les prévisions budgétaires s'attendent à un niveau d'environ 9918, soit aussi une hausse de 4% en moyenne l'an. Le PIB est la somme des valeurs ajoutées dégagées par les producteurs et autres opérateurs économiques qui travaillent sous le label Côte d'Ivoire, pendant une période donnée. Il s'agit donc d'une somme de revenus produits à l'intérieur du pays. Le tableau suivant, extrait des différents documents budgétaires, nous donne une meilleure appréciation de ce qui s'est passé. Depuis l'arrivée des refondateurs au pouvoir en 2000, le PIB a augmenté en Côte d'Ivoire. C'est un fait établi et non une superstition.

Année	2000	2001	2002	2003	2004
PIB en milliards de f cfa	7543	7636	8033	8568	8398,3

2005	2006	2007
8787,7	9278,4	9917,7

Vu comme cela, selon ces critères, ni le pays, ni l'Etat ne se sont appauvris de façon absolue. Ce qui est ressenti comme un accroissement de la pauvreté n'est donc pas lié au niveau de revenu de la Côte d'Ivoire. Il s'agit plutôt, d'une part, de la mauvaise distribution de ces revenus et de ces produits entre tous ceux qui participent à la production. D'autre part, il s'agit aussi du pouvoir d'achat de ces revenus. Les questions qui nous importent donc sont celles de savoir si :

i) les populations qui vivent en Côte d'Ivoire sont en état de produire avec leurs bras et leurs cerveaux,

ii) elles produisent, avec des connaissances et de l'argent donnés, suffisamment pour leur permettre de subvenir à leurs besoins individuels et collectifs. Les populations ivoiriennes sont-elles aussi bonnes que celles des pays concurrents de la Côte d'Ivoire ? L'argent qui est utilisé dans le processus de production dans ce pays est-il aussi bon que celui des pays avec lesquels la Côte d'Ivoire échange ?

Qui dit argent dit monnaie, et qui dit monnaie, chez nous, dit Franc de la Communauté Financière de l'Afrique de l'Ouest, donc FCFA, et donc BCEAO, et donc accord de coopération franco-ivoirien et donc... Pacte colonial. Désolé de ne pouvoir présenter des excuses.

L'inflation croissant plus vite que la production, le PIB réel, c'est-à-dire le pouvoir d'achat du revenu intérieur, est négatif, et la BCEAO elle-même nous dit que dans notre pays, entre 2002 et aujourd'hui, le taux de croissance du PIB réel oscille entre -1,6% et -1,5%. L'inflation étant toujours et partout un phénomène monétaire, la croissance de la production devient, pour nous consommateurs ivoiriens, appauvrissante. D'ailleurs selon le dernier rapport de la BCEAO, notre PIB réel a évolué, par tête d'habitant, d'un taux de -4,7% en 2002 à celui de -2,2% en 2005. Nous travaillons dur, mais le cadre macroéconomique nous sanctionne encore plus durement. Et ce n'est pas la Refondation qui a tracé le cadre figé qui nous limite. C'est Houphouët-Boigny, lorsqu'il a apposé sa signature au bas du Pacte colonial. C'est une vérité historique attestée par des faits et des documents. Le reste n'est que chimère. Excusez du peu.

L'Etat, profitant de la richesse du pays et bien que très affaibli par la guerre, a attiré encore plus les convoitises des hommes politiques qui aspirent tous à vivre à ses crochets. Le budget en hausse n'a pas, hélas, pu profiter à l'investissement, qui est resté aplati à un niveau relativement bas, comme nous pouvons le constater dans le tableau suivant :

Année	2000	2001	2002	2003
Investissement d'Etat réalisé en milliards de fcfa	207	260,75	372,5	281,7

2004	2005	2006	2007
273,9	262,7	301	309,0

Les investissements que l'Etat devait faire pour assurer la réalisation du programme institutionnel, économique et social sur lequel le Président de la République a été élu ne l'ont été que difficilement. Après les années 2001, 2002 et 2003 où l'investissement public était parti à la hausse, ce fut la dégringolade en 2004 et 2005. Alors qu'entre 2000 et 2002, le taux de croissance annuel moyen de l'investissement d'Etat était de 3,41%, après le déclenchement de la crise et avec le programme de réconciliation nationale, cette évolution ne s'est faite qu'au rythme négatif de -3,7%. La reprise des chantiers d'infrastructures routières est en train de relancer les chiffres.

La masse salariale payée par l'Etat, avec un parlement plus peuplé, le « décrochage » des enseignants, les recrutements et autres mesures sociales, passe de 451,8 milliards à 610 milliards entre 2000 et 2007, selon les mêmes documents budgétaires. Si, entre 2001 et 2002, la masse salariale a fait un bon de 8%, cette évolution a continué en tendance au rythme annuel de 3,10%.

Année	2000	2001	2002	2003	2004	2005	2006	2007
Masse salariale en milliards de f cfa	454,29	484,63	5236	547,5	545,7	563,4	586,3	610,0

Tout se passe comme si l'Etat utilisait la totalité des recettes de la Direction Générale des Impôts (597 milliards en 2005) ou de la Direction Générale des Douanes (672 milliards en 2006) pour payer le niveau de vie de ses seuls fonctionnaires, oubliant les populations qui attendent que des centres de santé, des routes, des écoles et autres biens publics et infrastructures de base soient mis à leur disposition pour une qualité de vie saine et non polluée. Retenons que, selon les critères de convergence de l'UEMOA, la masse salariale de l'Etat ne doit pas dépasser 35% des recettes fiscales ; or depuis 2002, ce taux se situe entre 43 et 45% dans notre pays. Lorsque le budget sert plus à payer les salaires d'un nombre disproportionné d'agents employés par l'Etat, les infrastructures et autres investissements publics ne peuvent être financés que par l'endettement public extérieur, avec toutes les conséquences que l'on connaît à ce type de financement inefficace. Cela, bien entendu, parce que le financement privé local ne suffit pas et n'est, de toutes les façons, pas incité car le marché de l'épargne est inexistant à cause de la politique monétaire sous contrôle et du manque d'innovation sur le marché des actifs financiers susceptibles de garantir des investissements risqués. Dès lors, la croissance du PIB et celle du budget ne peuvent avoir d'impact sur l'économie nationale en termes d'emplois, de chômage, de revenus distribués, de consommations. La croissance devient alors appauvrissante. Et l'absence d'investissement signifie implicitement que la pression sera forte pour que les Ivoiriens vivent en mangeant leur blé en herbe. Le niveau de vie des générations actuelles se financerait alors par hypothèque sur le niveau de vie des générations futures.

Or, une telle évolution est la caractéristique propre des économies décadentes ou stagnantes. Le budget de l'Etat ne peut pas tout faire. La monnaie est aussi un instrument de politique économique.

3) Les grandes ambitions de la Refondation

Malgré la baisse des dépenses et les contraintes de la masse salariale, le gouvernement avait dégagé, en 2000-2001, les moyens pour financer, dans un effort particulier, l'éducation par le « décrochage » des enseignants qui, depuis 1990, subissaient les affres d'un double standard, à diplôme égal, avec des salaires qui passaient du simple au double, selon que l'on avait été recruté après 1990 ou avant.

Une bonne dotation avait aussi été prévue pour l'achat de manuels scolaires afin de promouvoir la scolarisation – notamment celle des filles – en milieu défavorisé. La santé aussi bénéficiait d'une attention particulière avec la réalisation des études techniques et de faisabilité de l'AMU (Assurance Maladie Universelle).

Bien avant, le coup d'Etat de 1999 avait aussi attiré l'attention sur la nécessité de moderniser notre système de sécurité et de défense, de même que l'administration générale décentralisée de notre territoire. Nous y avions ajouté l'électrification rurale, l'agriculture et la justice qui étaient de ce fait au centre des préoccupations prioritaires de la première année de la Refondation. Telles étaient aussi les priorités du budget de l'Etat en 2001. En 2002, l'effort avait continué pour redresser les finances de l'Etat et les assainir. Les grandes réformes du programme de la Refondation étaient aux premières places. L'éducation et le renforcement de la gratuité de l'école obligatoire, la préparation de la mise en œuvre de l'AMU, la réhabilitation des routes et pistes rurales et leur entretien. L'électrification et l'adduction d'eau potable en milieu rural, la sécurité des populations et la décentralisation de l'Etat.

A partir de 2003, les objectifs du budget sont devenus de plus en plus axés sur la sortie de crise, les accords de Marcoussis et la gestion des conflits. Les évolutions institutionnelles sur lesquelles la Refondation s'était engagée ont été reléguées aux oubliettes et la rébellion a troublé la Refondation. Et comme l'huile et l'eau mélangées, l'on a obtenu une mixture sans tenant ni aboutissant, appelons cette situation la « Rebfondation ».

Les accords de Marcoussis ont produit leur propre programme de gouvernement. La Refondation, après Marcoussis, a fait place à la réconciliation nationale qui s'agence, selon les propres termes des accords signés dans cette ville de France, autour des questions relatives :

- à la nationalité, à l'identité, et à la condition de vie des étrangers ;
- au régime électoral ;
- à l'éligibilité à la présidence de la République ;
- au régime foncier ;
- aux médias ;
- aux droits et libertés de la personne humaine ;
- au Regroupement, Désarmement, Démobilisation ;
- au redressement économique et à la nécessité de la cohésion sociale.

Tous les autres accords qui ont suivi et les autres résolutions du Conseil de sécurité de l'ONU, de même que celles de la CEDEAO, se sont reconnus dans les principes de base édictés à Marcoussis. Les choses n'ont d'ailleurs pas changé avec les accords de Ouaga.

Dès lors, c'est l'autorité de l'Etat qui s'effrite. Le pouvoir du Président de la République s'amoindrit. Le travail de l'administration se dégrade. Le hors-la-loi prostitue l'ordre légal de la République, qui voit ses institutions écartelées et déviées des instances et des régimes normaux de décision, au profit de structures informelles sponsorisées depuis Paris et New York, Abuja, Accra, Pretoria et aujourd'hui Ouagadougou.

4) Quand la Refondation fait place à la Rebfondation

Nous devons savoir que ces évolutions institutionnelles et politiques n'ont pas épargné l'Etat. Elles n'ont pas épargné la fonction publique. Elles laissent des stigmates profonds sur la vie sociale, économique et politique de chacun d'entre nous.

Après 2002, l'on ne peut plus dire en connaissance des faits que le FPI est au pouvoir, ni que le programme de la Refondation continue d'être appliqué quand, devant nos yeux, les jardins de la Refondation ont agonisé avec nos complicités. La crise des valeurs a été semée et entretenue en Côte d'Ivoire pendant toute la période du parti unique. Le jardin qui agonise aujourd'hui n'est pas celui de l'ancien régime, mais bien au contraire celui de la Refondation, étouffé comme il l'aura été par le programme de la réconciliation nationale. On peut, à la limite, juste accepter de dire que le FPI partage le pouvoir avec les autres signataires des accords de Marcoussis. Et que la Refondation corrompue n'est que la Rebfondation. La Refondation n'est pas en cause, même si de nombreux refondateurs peuvent être mis en cause. La Refondation a gouverné à peine deux ans (2001-2002), alors que la Rebfondation s'est s'imposée et règne depuis six ans (2003-2008). C'est parce que les anciennes pratiques ont refusé la Refondation que les projets qui avaient fait germer de grands espoirs se sont aussitôt écroulés, juste deux ans après leur mise en route. L'agonie des jardins de l'ancien régime a été souhaitée démocratiquement par les Ivoiriens, parce que ce régime avait été incapable de faire au moins aussi bien que ses semblables dans le monde à niveau initial pareil. L'agonie de la Refondation est un crime commis contre la démocratie. La Refondation était un envol auquel on a coupé tout horizon.

Pendant cette période trouble, la logique du partage du pouvoir au sommet a conduit à une logique du partage des fonds. Entre 2000 et 2007, la haute direction du pays a changé de nature. Seul le Président de la République travaille effectivement à la sortie de crise. A chaque fois qu'il y a eu des accords de paix, ses adversaires se sont contentés de lui imposer des Premiers Ministres, qui même s'ils ont tous été nommés par décret selon les termes de la Constitution de 2000, n'ont pas tous fonctionné selon les dispositions de cette même Constitution. La crise a vu les tensions entre Seydou Diarra, qui se disait garant des accords de Marcoussis, et Laurent Gbagbo. Puis nous avons assisté au tandem qui réunissait Charles Konan Banny et Laurent Gbagbo. Et maintenant nous voyons se dérouler le blues de la Primature avec Guillaume Soro. Trois Premiers Ministres en cinq ans de crise, tel est pour le moment notre record. Mais au-delà de ces Premiers Ministres que l'on voit défiler, il y a eu de façon sournoise une montée en puissance de la Primature dans le dispositif institutionnel de la République, non pas pour administrer le programme établi par le Chef de l'Etat, mais plutôt pour contester et neutraliser sa politique économique et sociale.

Lorsque Laurent Gbagbo accède au pouvoir en fin d'année 2000, le général Robert Gueï vient de terminer de façon calamiteuse une transition avec 16,5 milliards de budget à la Présidence de la République et un Premier Ministre, Seydou Diarra, à qui il a fallu 5,5 milliards pour sa mission à la Primature. Le Premier Ministre à l'époque était le chargé de mission du Chef de l'Etat. Il fallait, après le coup d'état du CNSP (Conseil National de Salut Public), un civil crédible pour rassurer les Ivoiriens et la communauté internationale. Diarra remplissait cette condition, mais le CNSP veillait au grain et administrait directement l'Etat en laissant certaines missions spéciales de coordination de l'action gouvernementale au Premier Ministre, qui n'était d'ailleurs responsable que devant Robert Gueï. Le Chef de l'Etat d'alors a pu à un moment donné, lorsque le RDR mettait en doute son autorité, se séparer de tous les ministres de ce parti sans que cela ne mette en péril la transition. Aucune communauté internationale ne lui imposait alors de ne pas le faire.

Une fois la transition passée, Laurent Gbagbo installe Affi N'guessan à la Primature en 2001 avec 5,3 milliards de budget, là où la Présidence de la République, en pleine phase de restructuration après le passage de la junte militaire, fonctionnait avec 19,2 milliards. Le Premier Ministre était un véritable administrateur de programme au sens de la mission que la Constitution confie à ce poste. Subordonné à la Présidence de la République, il en exécutait les décisions. L'action gouvernementale était cohérente. Le Premier Ministre avait été directeur de cabinet du Président de la République et son directeur de campagne. La mise en place du programme de la Refondation de la Côte d'Ivoire entraînait alors des réformes qui exigeaient, en 2002, un budget de 6,53 milliards pour le Premier Ministre, en hausse de 23,21%, là où le Président de la République a vu le sien passer à 22,6 milliards de Fcfa soit une hausse de 17,7%.

5) Les nuisances d'un bicéphalisme imposé à la tête de l'Etat

En fin 2002, la rébellion éclate et la Côte d'Ivoire s'installe dans le chaos. Marcoussis impose un Premier Ministre qui demande 10 milliards supplémentaires pour situer son budget à 16,62.

Ce qui fait faire au budget de la primature un bon de près de 155%. Avec ses financements et son propre plan, le Premier Ministre cesse d'être l'administrateur du programme du Président de la République. Il refuse aussi d'être son chargé de mission. Il devient son concurrent, avec des moyens humains et matériels à sa disposition, pour la réalisation de ses propres décisions inspirées de l'esprit et de la lettre des accords de Marcoussis et des arrangements de Kléber. Les conflits de compétences s'installent entre le Président de la République et le Premier Ministre. Le Premier Ministre a son gouvernement et sa pléthore de conseillers, parallèlement à ceux du Président de la République. Il ne s'agit pas de cohabitation mais de bicéphalisme rétrograde.

Les membres du gouvernement sont proposés non par le Premier Ministre, mais par les partis politiques signataires de l'accord de Marcoussis. Les partis choisissent leurs portefeuilles et les militants chargés de les gérer.

A partir de ce moment, les ministres ne sont plus responsables devant le Chef de l'Etat et ne rendent compte qu'au président de leur parti d'origine, dont le seul objectif devient la démolition des institutions de la République, l'éviction de Laurent Gbagbo et la prise du pouvoir sans élections et sans avis du peuple. Le gouvernement devient alors pléthorique et son niveau d'incompétence s'élève. Le pouvoir de révoquer les ministres que la Constitution reconnaît au Président de la République lui est contesté. Depuis cette date, personne ne peut virer un ministre sans être accusé de porter atteinte au processus de paix. Ni Seydou Diarra, ni Laurent Gbagbo ni qui que ce soit d'autre, n'a ce droit. Même lorsque les belligérances se taisent sur les fronts militaires, dans les cercles du pouvoir au Plateau, à Abidjan, elles font rage entre la Primature et le Palais Présidentiel d'une part et entre les ministres eux-mêmes de l'autre.

C'est à ce moment que les dérapages se mettent en route. La Constitution étant corrompue, les institutions suivent aussitôt.

La corruption se généralise avec ce type de gouvernement dit de « Réconciliation Nationale ». Et les refondateurs, qui sont eux aussi des humains, perdent leurs repères et se laissent aller, avec négligence, dans le piège de la mauvaise gouvernance. L'ordre et la discipline qui avaient marqué les premières années de pouvoir de Gbagbo cèdent la place au désordre et à l'indiscipline dès 2003. Le racket, la tricherie aux examens et concours, les pots de vins, les trafics d'influence, l'enrichissement rapide injustifié, qui étaient en train d'être maîtrisés durant les premières années de la Refondation, se déchaînent et se réinstallent comme au temps du parti unique (1960-1990) et avec des allures qui ressemblent à celles de l'ère du multipartisme sans démocratie (1990-2000).

La Refondation devient la Rebfondation. L'ancien régime se rebelle contre les refondateurs, qui bien qu'ayant bloqué et contenu la rébellion militaire et politique, se sont laissés aller à la dégénérescence morale inspirée, en absence de toute autorité, par l'impunité et l'apologie de la mauvaise gouvernance. A l'époque de l'opposition, les refondateurs n'acceptaient pas les atteintes à l'éthique de la démocratie et de la société ouverte.

Aujourd'hui, avec la Rebfondation, nous gardons un silence coupable sur les violences faites à l'éthique, quand nous n'applaudissons pas les hauts faits de ces nouveaux « grilleurs d'arachides ». A l'époque, nous envisagions conduire les faussaires et autres criminels devant les tribunaux ; aujourd'hui nous leur dressons la place et nous leur passons le menu pour qu'ils viennent faire ce à quoi nous nous sommes laissés aller : manger. Eux, d'ailleurs, ne demandent que ça pour le moment, à défaut de mieux. Mais ils ne perdent aucune occasion de nous faire savoir qu'ils ont la Refondation dans leur collimateur.

Année	2000	2001	2002	2003	2004	2005	2006	2007
Président de la République	16,5	19,2	22,6	28,05	39,05	36,62	36,29	36,56
Premier Ministre	5,5	5,3	6,53	16,62	15,51	15,35	15,17	14,56

Montants : en milliards de f cfa.

Le blues de la République a commencé par celui de la Primature. La crise corruptrice a eu raison de nos corps, de nos âmes et de notre morale. Nous devons le reconnaître et faire en sorte que cette situation de décadence s'estompe et que les dérives vicieuses cessent de nous entraîner vers le côté le plus obscur du pouvoir. Le tableau ci-dessus révèle la course-poursuite de la Présidence de la République face à la Primature.

Ainsi, c'est la Primature, sous Seydou Diarra, qui a donné le coup d'envoi : en effet, le budget de la Primature a augmenté de plus de 154% de 2002 à 2003 (donc plus que triplé suite à la rébellion et aux accords françafricains de Marcoussis et Kléber), alors qu'en parallèle, sur la même période, celui de la Présidence de la République n'a augmenté que de 24%. Par ailleurs, il est à noter que depuis l'agression perpétrée contre l'Etat de Côte d'Ivoire en septembre 2002 jusqu'à ce jour, le budget de la Présidence de la République a augmenté en moyenne de 10% par an, alors que, concomitamment, celui de la Primature a évolué au rythme annuel moyen de 17,4% ! La perversion de nos mœurs commence par là.

La pierre angulaire sur laquelle repose la thèse des partisans de la recolonisation de la Côte d'Ivoire est donc vacillante et ne résiste pas à une analyse factuelle. La réécriture de l'Histoire est une tâche d'autant plus ardue qu'elle est confrontée à des chiffres et des faits difficilement contestables. La comparaison avec l'Asie a montré la faillite de l'ancien régime. Les nostalgiques d'un autre temps, qui ont fait leurs premières armes à l'école de l'Ivoirité et qui aujourd'hui refusent la mondialisation, à moins qu'elle ne soit encadrée par la francophonie, ne veulent pas tant détruire la Rebfondation que préserver et défendre à tout prix le Pacte colonial qui enchaîne notre pays et bride notre développement. Mais la Rebfondation n'est pas la Refondation. Et cette dernière n'a pas échoué, comme nous venons de le voir.

La Refondation est la grande victime de cette crise. Les faits le démontrent. Il est donc faux d'accuser la Refondation d'être la cause, l'origine ou la responsable de l'état de dégénérescence de notre pays, de nos valeurs et de nos rêves. Des rêves désormais remplis d'idées noires et polluées par des complaintes ahurissantes que l'on entend ressasser à loisir par ceux qui, toute honte bue, crient leur désir de se remettre des chaînes et clament à la face du monde leur blues de la République : « Nous sommes incapables de nous prendre en charge, incapables de nous occuper de nous-mêmes, nous refusons le développement.

Alors, tendre et douce France, ne nous abandonne pas, reviens nous prendre pour nous rendre heureux. Nous, ici, nous préférons le bonheur enchaîné plutôt que la liberté qui remet en cause nos certitudes et nos hiérarchies héritées de notre âge d'or. »

Avec tous ces intellectuels, répétons en chœur le meilleur refrain de ce blues : la colonisation a été l'exploitation de l'homme par l'homme ; les indépendances, exactement le contraire.

Annexes

Année	2000	2001	2002	2003
Président de la République	16,5	19,2	22,6	28,05
Premier Ministre	5,5	5,3	6,53	16,62
Budget Général	1780,9	1289,1	1946,6	1619,5
PIB	7543	7636	8033	8568
Investissement d'Etat	207	260,75	372,5	281,7
Masse Salariale Etat	454,29	484,63	523,6	547,5
Recettes fiscales	1194,2	1055,7	1235,4	1199

2004	2005	2006	2007
39,05	36,62	36,29	36,56
15,51	15,35	15,17	14,56
1987,3	1735	1965	1961
8398,3	8787,7	9278,4	9917,7
273,9	262,7	301	309,0
545,7	563,4 45%	586,3	610,0
1263	1221,2 Dont DGI : 597,5 et DGD : 609,9	1325,2 Dont DGI : 641,9 et DGD : 672,9	1383 Dont DGI : 629,5 et DGD : 740

Direction générale des Impôts ; DGD : Direction générale des Douanes.

Taux de croissance annuel : moyenne en %	Entre 2000-2002	Entre 2002-2003	Entre 2002-2007	Entre 2000-2007
Président de la république	17,03	24,12	10,10	12,04
Premier ministre	8,96	154,52	17,40	14,92
Budget général	4,55	-16,80	0,15	1,39
PIB	3,20	6,66	4,31	3,99
Investissement d'Etat	34,15	-24,38	-3,67	5,89
Masse salariale Etat	7,36	4,56	3,10	4,30
Recettes fiscales	1,71	-2,95	2,28	2,12

Taux de croissance annuel : moyenne en %	Entre 2001-2006	Entre 2001-2003	Entre 2001-2002
Président de la république	13,58	20,87	17,71
Premier ministre	23,41	77,08	23,21
Budget général	8,80	12,08	51,00
PIB	3,97	5,93	5,20
Investissement d'Etat	2,91	3,94	42,86
Masse salariale Etat	3,88	6,29	8,04
Recettes fiscales	4,65	6,57	17,02

Montants : en milliards de f cfa.

IV- TROUBLANTE REALITE DU PACTE COLONIAL

Les principes flous du pacte colonial et l'historicisme de la chiraquie

Dans quelques mois le pacte colonial aura 48 ans. Pour les Ivoiriens il a été signé le 24 avril 1961 à Paris quelques mois après la proclamation de l'indépendance de la plupart des pays africains précédemment colonies françaises d'Afrique. Aujourd'hui, au moment où les Ivoiriens sont en proie à une guerre que leur fait la France de J. Chirac, le doute s'est installé dans l'esprit des peuples d'Afrique. Une seule question revient sur toutes les lèvres : pourquoi le président français fait-il du dossier ivoirien une affaire personnelle au-delà de toute raison ? Pour répondre à la question nous devons remonter à la genèse du pacte. C'est à cette remontée dans le temps que vous invite ce texte. Vous y découvrirez d'abord que le pacte relève d'une construction juridique artificiellement floue. Ensuite vous comprendrez pourquoi les indépendances proclamées n'étaient que de vœux pieux, de la poudre aux yeux digne de grands prestidigitateurs. Pendant quarante-huit ans nous en avons fait notre religion. L'heure de l'apostat est probablement proche.

1) Une organisation juridiquement imprécise

En fait, au cours des mois d'octobre, novembre et décembre 1958, tous les territoires ayant approuvé la Constitution ont formulé expressément leur volonté par des délibérations de leurs assemblées.

Douze d'entre eux, les plus importants par leur étendue géographique et le chiffre de leur population, ont choisi la situation d'Etat membre de la Communauté.

Cette catégorie comprend les sept territoires d'Afrique occidentale, qui sont ceux :

- du Sénégal (prenant le nom de République du Sénégal) ;
- du Soudan (République soudanaise) ;
- de Mauritanie (République islamique de Mauritanie) ;
- de la Haute-Volta (République de Haute-Volta) ;
- du Niger (République du Niger) ;
- de la Côte d'Ivoire (République de Côte d'Ivoire) ;
- du Dahomey (République du Dahomey).

Les quatre territoires d'Afrique équatoriale, c'est-à-dire ceux :

- du Gabon (République gabonaise) ;
- du Moyen-Congo (République du Congo) ;
- de l'Oubangui Chari (République centrafricaine) ;
- du Tchad (République du Tchad) ;

auxquels s'ajoute le territoire de Madagascar (République malgache).

Dans cinq autres pays, plus petits et de population moins nombreuse, les Assemblées locales ont préféré le maintien du statut de territoire d'outre-mer. Il s'agit de :

- la Côte des Somalis ;
- des Comores ;
- de la Nouvelle-Calédonie ;

- de la- Polynésie ;
- de Saint-Pierre et Miquelon.

Aucun territoire ne s'est prononcé pour le statut de département d'outre-mer.

2) Les transferts de compétence sans indépendance

La répartition des compétences, n'est pas immuable, elle peut être modifiée par le jeu des transferts. Il nous paraît nécessaire, pour l'examen de cette question, de reproduire ici, le texte de l'article 78 qui est ainsi rédigé :

" Le domaine de la compétence de la Communauté comprend la politique étrangère, la défense, la monnaie, la politique économique et financière commune ainsi que la politique des matières premières stratégiques.

Il comprend en outre, sauf accord particulier, le contrôle de la justice, l'enseignement supérieur, l'organisation générale des transports extérieurs et communs et des télécommunications.

Des accords particuliers peuvent créer d'autres compétences communes ou régler tout transfert de compétence de la Communauté à l'un de ses membres. "

On voit tout de suite que ce texte est entaché d'un vice de rédaction. Les compétences visées à l'alinéa premier sont attribuées à la Communauté sans réserve. Celles que mentionne l'alinéa 2 ne lui sont reconnues que "sauf accord particulier". Mais l'alinéa 3 permet de régler par accord particulier " tout transfert de compétence " sans distinguer suivant que les matières à transférer figurent dans l'énumération donnée par l'un ou par l'autre des alinéas précédents.

Cette rédaction défectueuse s'explique par l'histoire de l'article 78.

On peut noter que l'avant-projet gouvernemental laissait place à la conclusion d'accords particuliers pour toutes les compétences communes. Le Comité consultatif proposa ensuite de marquer une différence entre les questions qui entreraient " nécessairement " dans le domaine commun et celles qui pourraient donner lieu à des accords particuliers. Finalement, le conseil des ministres rétablit la faculté de transférer toutes les compétences. Mais il ne s'avisa pas de supprimer la formule qui impliquait la distinction de deux catégories de questions, formule devenue sans objet.

En réalité, toutes les compétences de la Communauté ont le même caractère et toutes sont susceptibles de transfert. Celui-ci pourrait porter, notamment, sur une question de politique étrangère aussi bien que sur une matière d'ordre interne.

Un problème se pose cependant. Les transferts, effectués en une ou plusieurs fois pourraient-ils aller jusqu'à dessaisir la Communauté de l'ensemble des compétences visées à l'article 78 et à faire disparaître ainsi le domaine commun que cet article définit ?

La difficulté vient ici de l'article 86, qui détermine le mode de passage d'un État membre à la condition d'Etat indépendant.

Aux termes de cet article, l'Etat qui devient indépendant à la suite de la procédure prescrite, " cesse de ce fait d'appartenir à la Communauté ". Ainsi, l'indépendance exclut l'appartenance à la Communauté.

Or, un Etat auquel toutes les compétences communes auraient été transférées ne serait-il pas un Etat indépendant ?

La faculté de transfert comportait une limite, d'ailleurs impossible à fixer avec précision. Il devait en tout cas toujours subsister quelque compétence commune, si réduite fût-elle, pour qu'un Etat restât membre de la Communauté.

A la réflexion, il semble que le transfert de toutes les compétences, auquel l'article 78 lui-même ne met aucun obstacle, n'affecterait nullement l'appartenance à la Communauté, car il ne réaliserait pas l'indépendance telle que l'article 86 l'envisage.

En effet, le droit de la Communauté continuerait, dans une mesure notable, de régir l'Etat dévolutaire de toutes les compétences mentionnées par l'article 78.

Le principe de la citoyenneté commune, énoncé à l'article 77 et comportant l'égalité des droits pour les ressortissants de tous les Etats membres, s'appliquerait encore à lui. Il reconnaîtrait nécessairement l'existence de la Présidence de la Communauté et de sa représentation locale. Il participerait au Conseil exécutif et serait représenté au Sénat. La présidence, le Conseil exécutif et le Sénat garderaient à son égard un rôle de représentation et de coopération qui ne serait pas négligeable. La Cour arbitrale resterait compétente dans les litiges l'opposant aux autres Etats membres.

L'indépendance dont il est question à l'article 86, et dont celui-ci traite en même temps que des transformations de statut, vise en réalité un changement total : la disparition du lien communautaire. L'acquisition de toutes les compétences de l'article 78 aboutirait, à coup sûr, à une modification assez profonde du caractère de la Communauté, mais ne ferait pas disparaître son droit propre et son organisation originale.

En conséquence, la création de nouvelles compétences communes aussi bien que les transferts de compétences, devraient résulter suivant l'article 78, d'accords particuliers. Le mode d'établissement de ces derniers est fixé par l'article 87, aux termes duquel, les accords particuliers conclus pour l'application du titre XII " sont approuvés par le Parlement de la République et par l'Assemblée Législative intéressée ". Les accords en question ont donc pour parties contractantes la République française et un autre Etat, non pas la Communauté et l'un de ses membres. C'est pourquoi les organes de la Communauté, et notamment le Sénat, n'interviennent pas dans la procédure de leur conclusion.

Dans l'ordre juridique de la République française, les conventions dont il s'agit sont mentionnées, sous le nom " d'accord de Communauté ", dans deux articles du titre II relatif au président de la République. D'après l'article 5, celui-ci est le garant du respect des accords de Communauté. D'après l'article 11, il peut, sur proposition du Gouvernement pendant la durée des sessions ou sur proposition conjointe des deux assemblées, soumettre au référendum tout projet de loi comportant approbation d'un accord de Communauté. Dans l'ordre juridique de la Communauté, l'article 5 de l'ordonnance du 19 décembre 1958, portant loi organique sur le Conseil exécutif, dispose que le président de la Communauté veille au respect " des accords de Communauté prévus aux articles 78 et 87 de la Constitution ".

Le président de la République française est donc, aux termes de la constitution de 1958, le véritable chef des Etats africains auxquels cette constitution a permis d'octroyer l'indépendance.

Et la révision constitutionnelle française d'août 1995 n'y a rien changé dans le fond comme dans la logique.

Nous avons vécu quarante-huit années d'illusions d'indépendance. Le moment n'est il pas venu de mettre les pendules à l'heure et de dénoncer ce pacte colonial et son flou grossier ?

Ce texte n'est pas de moi. Il a été porté à ma connaissance par un éminent juriste ivoirien. Ce document, retrouvé au hasard de ses lectures par cet homme de droit fait partie d'un ensemble d'analyses ayant suivi le référendum constitutionnel français de 1958 et publiés en 1960 par La Librairie Générale de Droit et de Jurisprudence, sous le titre " Les pays d'Outre-Mer de la République française, la Communauté et les Accords d'association " avec comme auteur X.X.X. Je me suis permis de le publier parce qu'il décrit parfaitement une des caractéristiques fondamentales du pacte colonial qui aura 48 ans ce 24 avril 2009 .

Un bien triste anniversaire au moment où le fleuron des possessions françaises en Afrique est en proie au joug d'une armée d'occupation expédiée par Jacques Chirac pour tuer toute velléité d'indépendance et de liberté en Afrique noire. En le faisant Jacques Chirac se met dans la posture d'un dictateur vis-à-vis de nous. Les français peuvent-ils accepter que leur pays soit dirigé par un dictateur de surcroît raciste ?

Ce racisme est d'autant plus arrogant qu'au moment où les soldats français venus en expédition punitive en Côte d'Ivoire avouent avoir installé durablement des rebelles infréquentables dans ce pays (voir l'aveu de taille du colonel Burgaud de la force Licorne dans le Figaro du 4 avril 2005) Madame Alliot-Marie, très proche ministre de la défense de la Chiraquie, croit surtout que les Noirs africains ne sont pas mûrs pour la démocratie et l'Etat de droit qui sont exclusivement l'apanage de la France. Ainsi, à la question de savoir pourquoi la France était de plus en plus conspuée lors des manifestations en Afrique, au lieu de reconnaître là les effets catastrophiques de la politique africaine de son gouvernement, la pauvre se lance dans une démonstration pleine de racisme et d'inculture. Pour terminer, écoutons sa réponse dans le Figaro du 13 avril 2005 : " Je crois surtout que l'Afrique et les Africains sont en train d'évoluer. Nous avons affaire aujourd'hui à de nouvelles générations de politiques. Ces nouveaux responsables n'ont pas la culture de l'Etat-nation comme l'ont les Français ou les Britanniques.

On voit réapparaître les conflits entre ethnies pour le pouvoir. Notre conception de l'Etat ne leur convient pas. Et puis, certains nouveaux leaders ont besoin d'exister par eux-mêmes. Leurs prédécesseurs ont réalisé la décolonisation. Les suivants des progrès économiques. Certains pensent aujourd'hui avoir besoin, pour affirmer leur personnalité, de se trouver un nouvel ennemi. D'où la tentation de recréer artificiellement une lutte néocoloniale contre la France, mais plus généralement contre les Européens. " Quelle misère pour la pensée historiciste ! La démocratie et l'économie de marché pour les riches et la barbarie et l'étatisme pour les pauvres africains".

V- LE PAPE ET LA CRISE IVOIRIENNE :

La Vérité qui rend Libre

Le Nonce apostolique, doyen du corps diplomatique en Côte d'Ivoire, vient de faire parvenir à l'Assemblée Nationale de Côte d'Ivoire, une copie du message que le Pape Benoît XVI a adressé au monde le 1er janvier 2006 pour la célébration de la Journée Mondiale de la Paix. Le message du Pape cette année porte sur le thème de la "Vérité de la Paix". La paix dans la vérité. Dans la vérité, la paix. dans ce texte important qui permet au Pape d'adresser ses vœux affectueux à tous les hommes et à toutes les femmes du monde, Benoît XVI, dans la tradition de la doctrine sociale de l'Eglise « exprime la conviction que, là où l'homme se laisse éclairer par la splendeur de la vérité et quand il le fait, il entreprend presque naturellement le chemin de la paix ».

Jacques Chirac, le Président de la République française, depuis maintenant onze ans*, dans la pure tradition coloniale de son pays, essaye d'imposer la paix Elyséenne à la République de Côte d'Ivoire qui est pourtant, théoriquement indépendante depuis 1960. Dans son obstination à protéger le pacte colonial signé entre 1959 et 1961 par le Général de Gaulle et Houphouët-Boigny, le Chef de l'Etat français ne cesse d'humilier ou de tenter d'humilier, l'Afrique, la Côte d'Ivoire, son peuple et ses autorités légales. Chirac est devenu le bourreau du calvaire des Ivoiriens, le suppôt du colonialisme autoritaire français et l'assassin des libertés en Afrique comme à la triste époque du stalinisme derrière le rideau de fer. Dans son mode de fonctionnement, Chirac adore humilier les peuples qu'il souhaite soumettre par la force des armes. L'humiliation est un sentiment moral.

**Texte datant de 2005 qui a fait l'objet d'une adaptation temporelle.*

Et, pour citer Aleya El Bindari-Hammad, ancienne Directrice Générale Adjointe de l'OMS « l'humiliation est l'une des émotions les plus puissantes ; un psychologue l'a même qualifiée de « Bombe nucléaire des sentiments ».

Elle peut déclencher une réaction aussi minime que de faire couler une larme ou aussi tragique que de provoquer des actes de nature à réorienter l'histoire mondiale. Ceux qui vivent dans une situation où leur dignité est constamment bafouée peuvent réagir soit en se repliant sur eux-mêmes, soit en coalisant leur colère dans une action visant à changer l'état des choses, soit en faisant l'erreur de croire qu'ils trouveront un soulagement en se vengeant de façon violente ».

Les manifestations violentes qui ont suivi le dernier communiqué du GTI (Groupe de Travail International) selon lequel cette instance informelle tentait d'imposer des oukases au peuple de Côte d'Ivoire relèvent purement et simplement des conséquences de cette humiliation. Les propos tenus par la suite par Pierre Schori et par le Général Fall, respectivement le chef civil et le Chef militaire des casques bleus de l'ONU en Côte d'Ivoire, sournoisement, tentent de faire accepter l'idée que c'est parce qu'il ne s'agissait que de bandes de désœuvrés qui s'ennuyaient et qui se sont attaquées à l'ONUCI, sur la base de fausses rumeurs de dissolution de l'Assemblée nationale, que les casques bleus ont été obligés d'ouvrir le feu, à balles réelles pour tuer de nombreux patriotes. Schori et Fall en se faisant complices de la France au sein du Gti, participent à cette humiliation des Ivoiriens.

Pourtant, toutes ces personnalités prétendent être venues en Côte d'Ivoire pour nous aider à construire la paix. Kofi Annan procède de cette humiliation lorsqu'il décide de renforcer les forces onusiennes, à la demande de la France, par 4000 soldats supplémentaires, et que le Président de la République de Côte d'Ivoire ne prend connaissance de cette décision que par la presse. Kofi Annan participe de cette humiliation lorsqu'il déclare qu'il ne pourrait admettre que des bandes armées participent à un gouvernement au Moyen Orient alors qu'en Côte d'Ivoire il protège des assaillants armés qu'il impose comme gouvernement. Quelles inconséquences ! Que de mensonges ! Peut-on construire la paix universelle dans l'humiliation des nations et le mensonge institutionnalisé ?

La réponse du Pape est nette : « La paix ne peut être réduite à une simple absence de conflits armés, mais il faut la comprendre comme... le fruit d'un ordre qui a été implanté dans la société humaine par son divin Fondateur, un ordre qui doit être mené à la réalisation par des hommes aspirant sans cesse à une justice plus parfaite ». Vu ainsi, « la paix possède sa vérité intrinsèque et invincible », dit le Pape. Elle impose donc aux hommes, dans le déroulement de leur histoire, de se conformer à l'ordre divin dans la vérité, la justice, la liberté et l'amour, en toute responsabilité.

Benoît XVI pose alors une question à la communauté internationale :

« ... quand sont entravés et empêchés le développement intégral de la personne et la sauvegarde de ses droits fondamentaux, quand de nombreux peuples sont contraints à subir des injustices et des inégalités intolérables, comment peut-on espérer en la réalisation du bien et de la paix » ?

Lorsque les mesures imposées à un peuple par l'ONU ne respectent pas la réalisation pleine et entière de la vérité de l'homme, elles ne peuvent conduire à la tranquillité de l'ordre telle qu'elle est présentée par Saint Augustin, continue le Pape.

Dans son message, et se fondant sur les enseignements de la Bible, le Pape lance « Dehors (...) tous ceux qui aiment et pratiquent le mensonge ». Le mensonge souligne-t-il, en tant que péché, à des conséquences perverses qui ont causé et continuent à causer des effets dévastateurs dans la vie des individus et des Nations. Après un rappel de ce qui s'est passé au XX siècle où des idéologies fallacieuses agencées autour du parti unique, du communisme et du totalitarisme, ont mystifié la vérité pour bien exploiter et supprimer des millions d'hommes et de femmes, le pape explique à tous ces menteurs de la communauté internationale que « la recherche authentique de la paix a son point de départ dans la conscience, que le problème de la vérité et du mensonge concerne tout homme et toute femme et qu'il se révèle décisif pour un avenir pacifique de notre planète ». Chirac et Alliot-Marie devraient lire plus souvent le Pape Benoît XVI. Ils rendraient service à la paix, et à la Côte d'Ivoire et à la France et à l'Afrique.

Depuis le déclenchement de la rébellion en Côte d'Ivoire, le Président Chirac et son Ministre de la Défense, pensent avoir le droit de faire n'importe quoi dans cette ancienne colonie directement, ou par personne et institutions interposées. Le message du Pape pourrait faire douter de cette attitude désinvolte, arrogante et condescendante de la Chiraquie. « Ce n'est pas parce qu'une guerre a malheureusement éclaté que du fait même tout devient licite entre parties adverses ». Tout ce que Chirac veut faire chez nous, de nous, pour nous ou contre nous n'est pas licite. Et nous avons raison de nous opposer à toutes leurs prétentions.

Dans le même ordre d'idées, aux forces internationales de maintien de la paix, le Pape rappelle les paroles du Concile Vatican II « Ceux qui se vouent au service de la patrie et qui sont incorporés dans l'armée se considéreront eux aussi comme serviteurs de la sécurité et de la liberté des peuples, et, en s'acquittant correctement de cette tâche, ils contribuent vraiment à la consolidation de la paix ».

Les autorités politiques françaises qui s'efforcent depuis la mort de Houphouët-Boigny, il y a plus de dix ans, de nous imposer leurs vérités par la force, se comportent exactement comme ceux que le Pape appelle les fondamentalistes. Le terrorisme comme le gangstérisme d'Etat relève de ce fondamentalisme. Benoît XVI rejoint sur ce plan Jean Paul II qui écrivait, il y a quelques années, « Prétendre imposer à d'autres par la violence ce que l'on considère comme la vérité signifie violer la dignité de l'être humain et, en définitive, outrager Dieu dont il est l'image ». Les fondamentalistes ont la prétention de pouvoir imposer la paix par la force et dans le mensonge ; ce qui n'est rien d'autre qu'un dangereux mépris pour l'homme et pour sa vie, ajoute Benoît XVI.

Après toutes ces analyses, l'on pourrait être tenté de considérer que le Pape est très pessimisme sur l'avenir de la vérité et de la paix universelles.

En première lecture, ce pessimiste pourrait conduire au désespoir des résistants ivoiriens et des patriotes africains qui combattent maintenant partout en Afrique, selon un processus capillaire, la domination post coloniale de l'Elysée. En fait, il n'en est rien et il n'y a pas à désespérer. Bien au contraire, le message du Pape est plein d'espoir et invite à l'espérance prudente. Écoutons-le : « regardant le contexte mondial actuel, nous pouvons enregistrer avec plaisir quelques signes prometteurs sur le chemin de la construction de la paix. Je pense, par exemple, à la diminution numérique des conflits armés. Il s'agit certainement de pas encore très timides sur le sentier de la paix, mais déjà en mesure d'annoncer un avenir de plus grande sérénité, en particulier pour les populations martyrisées de la Palestine, la Terre de Jésus, et pour les habitants de certaines régions d'Afrique et d'Asie qui attendent depuis des années, la conclusion positive des processus de pacification et de réconciliation en cours. Ce sont des signes réconfortants qui demandent à être confirmés et consolidés par une action unanime et infatigable, surtout de la part de la communauté internationale et de ses organismes, qui ont pour mission de prévenir les conflits et d'apporter une solution pacifique à ceux qui sont en cours (...) Tout cela ne doit pas inciter à un optimisme naïf ».

La prudence du Pape est certes liée à la détermination des dangereux fondamentalistes mais elle tient aussi aux errances de la fameuse communauté internationale qui, au lieu de protéger les populations en conflits se protège elle-même contre les belligérants dont elle désarme certains et les expose lorsqu'elle ne leur tire pas dessus après avoir mis le feu au processus de paix. La communauté internationale s'était engagée à désarmer les rebelles assaillants ivoiriens après leur amnistie par l'Assemblée Nationale de Côte d'Ivoire. Mais après l'adoption d'une loi d'amnistie, la communauté internationale a oublié ses propres engagements. Quelques temps après, elle s'engageait de nouveau à procéder au désarmement des rebelles à Marcoussis, et cela, dès la constitution du gouvernement de Seydou Diarra.

Trois ans après la constitution de ce gouvernement, les rebelles sont toujours armés et les assaillants occupent toujours le Nord de la Côte d'Ivoire et continuent leurs pillages et leurs assassinats au profit des chiens de guerre et autres flibustiers soutenus par l'Elysée. L'économie de prébende, de trafic et de guerre est devenue profitable pour beaucoup trop de gens aujourd'hui qui ne souhaitent plus la fin de la guerre, la fin de la crise. Il faut bien rentabiliser les usines de traitement de cacao précipitamment construites au Burkina et exclusivement alimentées par la production de fèves de ce pays sahélien dont on sait tous qu'il ne fait que voler les paysans pris en otages dans les zones sous contrôle rebelles. L'ONU, la CEDEAO, l'UA, l'UEMOA font tous silence sur ce vol organisé. Le crime paye et paye bien.

Pour parler à tous ceux qui veulent régner, ou qui règnent par la force des armes et des dépenses militaires, le Pape forme le vœu de voir se réaliser le désarmement. Ici comme ailleurs, son message est précis « Le souhait qui monte du plus profond du cœur est que la communauté internationale sache retrouver le courage et la sagesse de relancer résolument et collectivement le désarmement, donnant une application concrète au droit à la paix, qui est pour tout homme et pour tout peuple ». La crédibilité et l'autorité de la communauté internationale dépendent de l'objectif qu'exprime ce souhait, souligne le Pape.

Bien entendu, comme tout le monde, le Pape regrette les inefficacités et les contradictions de la communauté internationale et appelle de tous ses vœux une réforme de l'ONU. Ici aussi le message du Pape est très actuel pour les Ivoiriens. « Confirmant sa confiance dans cette organisation internationale, l'Eglise catholique en souhaite le renouvellement institutionnel et opérationnel, afin qu'elle soit en mesure de répondre aux nouvelles exigences de l'époque actuelle, marquée par le vaste phénomène de la mondialisation. L'organisation des Nations Unies doit devenir un instrument toujours plus efficace pour promouvoir dans le monde les valeurs de justice, de solidarité et de paix ».

Kofi Annan est-il capable de recevoir et de comprendre le message du Pape ?

Est-il capable de l'appliquer rapidement plutôt que de se laisser ballotter par les ambassadeurs français vivant à New York et les fondamentalistes résidant à Elysée ? Kofi Annan et toute la communauté internationale seraient-ils capables de sentir la vérité de la paix et de s'y imprégner ? Peuvent-ils construire la paix sur le roc de la vérité de Dieu et de la vérité de l'homme ?

Nous devons remercier et féliciter le Pape Benoît XVI pour ce message en ce début d'année 2006 et formuler le vœu que le ciel le protège le plus longtemps possible. Ici en Côte d'Ivoire, l'année a commencé avec deux tentatives de coup d'Etat. L'une parti d'Akouédo a été étouffée, l'autre engagée par le Gti, a été rejetée par le peuple de Côte d'Ivoire, ses patriotes et autres résistants, encore une fois, au prix de leur sang. Initialement conçue pour être une part de la solution au conflit ivoirien la présence onusienne est devenue une partie du conflit ivoirien. Comment en est-on arrivé là ?

La Chiraquie a des convoitises sur notre économie et pour les réaliser, le Chef de l'Etat français s'appuie sur une classe politique en manque de foi. Avec cette aide, Chirac tente d'aseptiser, de légaliser et même de glorifier sa convoitise sur nous, nos biens, notre volonté et même sur nos âmes. Cette convoitise clairement exprimée dans les servitudes du pacte colonial est aujourd'hui acceptée par l'ONUCI comme étant le fondement du système économique que Paris impose à ses ex-colonies depuis la fin des années 50.

Si la communauté internationale écoute le message du Pape, alors elle devrait criminaliser cette convoitise française qui, malheureusement débouche toujours sur des conflits inextricables avec des populations africaines révoltées. L'ONU ne peut aider à légitimer ou à légaliser le gangstérisme d'Etat qui viole notre respect de nous-mêmes, c'est à dire notre dignité.

Les ivoiriens, éclairés par la Vérité qui rend libre travaillent aujourd'hui à une réforme des relations entre la France et l'Afrique.

Ils veulent devenir libres et avoir le droit de transmettre aux générations futures cette liberté.

Depuis cinq siècles de relations tumultueuses avec la France, les Africains n'ont transmis générations après générations que la servitude et la pauvreté. Maintenant allons à la liberté. Dieu nous y invite mais pour cela, nous devons comprendre la Vérité de la paix. Bonne Année à tous dans la Vérité qui rend libre. Et que Dieu nous bénisse.

VI- AINSI PARLAIENT LES JEUNES D'AFRIQUE A SARKOZY

EN ATTENDANT LE VRAI DISCOURS DE LA RUPTURE

Le président de la République française est venu, comme De Gaule et il a parlé aux Africains. Qu'a-t-il dit au juste ? Il nous a fait une série de propositions et d'analyses. Écoutons-le :

« Ce que la France veut faire avec l'Afrique, c'est une alliance, c'est l'alliance de la jeunesse française et de la jeunesse africaine pour que le monde de demain soit un meilleur monde ».

Le nom de cette alliance est Eurafrique. La France s'est mariée à l'Europe et nous vous apportons cette Europe de même que nous vous apportons à l'Europe. L'Afrique sera dans la corbeille de mariage de la France avec l'Europe et dans la corbeille de l'Europe avec le monde. Je suis venu vous proposer une place, comme la France sait le faire habituellement. Souvenez-vous par exemple des DOM TOM.

Mais comme vous le savez, l'Afrique est très différenciée. Il y a l'Afrique du Nord. Et il y a l'Afrique noire.

En Libye, donc en Afrique du Nord où je suis passé, j'ai signé des contrats juteux d'exploitation de centrales nucléaires et d'uranium. Des contrats portant sur la défense et autres affaires hautement stratégiques pour mon pays. Avec l'Afrique du Nord, on ne parle ni de morale, ni de développement. On ne donne pas de leçons mais on passe des contrats.

On ne lance pas d'appels aux Libyens de l'étranger pour leur retour dans leur pays. On ne fait pas de promesses d'aides publiques françaises à la Libye. On parle affaires. Des contrats, des contrats et encore des contrats. Sur l'uranium, sur la défense, sur le nucléaire. Trade not aid, telle est notre règle.

Avec l'Afrique noire, avec vous, que dire ?

Je vous ai fait mal, mes bébés. Hum !

N'en parlons plus.

Mais ne me demandez surtout pas de repentance, puisque vous-mêmes, vous êtes coupables de vous être laissés battre par mes ancêtres. En plus, quand mes ancêtres arrivaient chez vous, vous vous décimiez vous-mêmes déjà sans notre aide. Vous êtes plus coupables que nous.

Nous avons commis des crimes contre l'Humanité. Oui, mais vous n'avez rien fait pour nous en empêcher. En tout cas pas suffisamment pour nous convaincre que ce que nous avions l'intention de faire était criminel. Vous êtes coupables de non assistance à personne dangereuse et d'assassinat de caractères.

Ne rêvez surtout pas à un retour en arrière pour rejoindre votre prétendu âge d'or qui aurait existé dans le passé. Vous n'avez jamais eu d'âge d'or. N'en rêvez pas. Le monde ne marche pas à reculons mais progresse vers l'avenir. L'histoire a un sens. La colonisation a été un crime contre l'humanité, mais mes parents ont proposé aux vôtres l'indépendance, qu'ils ont acceptée.

La colonisation, c'était l'exploitation de l'homme par l'homme ; l'indépendance est exactement le contraire. Vos historiens et autres anthropologues vous mentent. Je vous le dis ici à vous, les jeunes d'Afrique, à l'Université Cheick Anta Diop.

Devant vos chefs.

Devant vos profs.

Devant votre classe politique, gouvernement et opposition réunis.

Devant vous étudiants, hommes de maintenant et hommes de demain.

Arrêtez de rêver d'un futur qui puisse être le vôtre, à vous tout seuls.

Maintenant, vous m'appartenez définitivement. Arrêtez d'avoir la nostalgie d'un passé qui n'a jamais existé.

Je vous propose l'Eurafrique.

Vous entrez avec moi dans les bonnes grâces de l'Europe.

Je vous apporte l'Europe comme hier je vous ai apporté l'Esclavage.

Je vous apporte l'Europe comme hier je vous ai apporté la Colonisation

Je vous apporte l'Europe comme hier je vous ai apporté l'Indépendance.

Je vous vois stupéfaits, n'est-ce pas ? Mais je vous apporte aussi les moyens qui vous seront propres pour inventer, vous-mêmes, votre avenir. Oubliez le passé.

Maintenant, vous ne serez plus seulement à la France, mais à l'Europe.

La France, c'est votre héritage occidental. La colonisation vous l'a apporté. Aid not trade. Telle est mon offre.

Ne vous coupez pas de cet héritage. La civilisation européenne vous appartient. A vous aussi.

Renoncez à la tentation de pureté comme nous le faisons en Europe.

Ne répondez pas au racisme de la France par le racisme.

Ne répondez pas à l'intolérance de la France par l'intolérance.

Je sais, je vous ai fait mal, mais laissez tomber.

Allons ensemble dans l'avenir.

Renoncez à la maladie de l'intelligence.

Si vous voulez venir chez nous, pas de problème, nous négocierons votre migration. Nous déciderons ensemble, pour vous, comment vous viendrez.

Pas en citoyens libres, mais en immigrés.

Vous rêvez de la Renaissance africaine ? Pourquoi pas ! Après tout, vous avez eu, semble-t-il, l'Egypte et d'autres brillantes civilisations que mes ancêtres ont battues à plate couture et soumises depuis des siècles. Oubliez le passé peu glorieux que vos ascendants vous ont laissé.

Nous vous aiderons à la bâtir, cette renaissance, si tel est votre désir. Commencez déjà par prendre notre civilisation comme héritage.

Vous voulez la liberté, la démocratie ? Bien. Mais savez-vous que l'Europe est bâtie sur l'égalité, la justice, le droit, la liberté, la démocratie et la libre propriété ?

Je vous apporte ces valeurs universelles. Et n'allez pas chercher ailleurs.

Tout ce que vous voulez, commandez et je vous livre tout de suite.

Nous sommes généreux, nous vous aimons. Ce n'est pas de la pitié, mais c'est notre intérêt.

Ainsi nous a parlé Nicolas Sarkozy, le président de tous les Français.

Que lui dire ?

Merci Sarkozy.

Merci pour tes propositions.

Mais nous, on veut aller dans le monde par le marché et non sous la protection de qui que ce soit. Nous connaissons le chemin.

Le monde, ce n'est pas que la France; le monde, ce n'est pas que l'Europe. Le monde, c'est aussi l'Afrique, c'est aussi l'Amérique, c'est aussi l'Asie. Le monde, c'est ailleurs. Nous voulons choisir librement notre méthode d'y entrer, notre façon d'y participer. Ce n'est pas par dégoût, mais c'est notre intérêt et rien que cela.

L'Eurafrique ? Très bien merci. Mais ça sera vraisemblablement comme par le passé.

Il y a déjà les sommets franco-africains.

Il y aura des sommets Eurafricains.

Il y aura une bureaucratie Eurafricaine, comme il y a celle des UE-ACP

Nous n'avons plus du temps à perdre à négocier lors de sommets de Chefs d'Etat. Nous allons directement sur les marchés librement avec nos besoins et nos moyens.

Nous ne voulons plus être marchés captifs de qui que ce soit.

Nous voulons redevenir libres.

Il ne s'agit pas d'un retour à un quelconque âge d'or. Il ne s'agit pas d'une option pour nous, mais de notre survie.

Il s'agit d'être simplement des humains, de vivre comme tels et d'être traités comme tels.

Nous ne voulons pas de traitement de faveur.

Nous voulons avoir notre liberté de choix.

Nous voulons tirer profit des droits imprescriptibles que nous avons d'être propriétaires de nous-mêmes en tant qu'humains.

Nous voulons être libres dans la mondialisation, comme nous ne l'avons jamais été sur les marchés des esclaves.

Sur les marchés coloniaux.

Dans le pacte colonial.

Nous ne voulons pas aller sur les marchés mondiaux enchaînés par des accords protectionnistes ; ni avec la France, ni avec l'Europe.

N'est-ce pas vous qui avez dit que l'Afrique ne comptait pas pour la France ?

N'est-ce pas vous qui dites aussi que le Niger, avec son uranium, compte énormément pour la France ?

Savez-vous que le Niger est un pays d'Afrique ?

La duplicité de votre langage ne nous rassure guère. Vous parlez d'amour là où le monde parle d'intérêt et d'intérêt là où le monde parle d'amour.

Nous ne voulons plus de cette protection infantilisante qui vous donne le droit de vouloir

Tout faire pour nous.

Tout faire avec nous.

Tout faire par nous.

Tout faire sans nous.

Et au bout du compte, tout faire contre nous.

Nous ne voulons plus des accords léonins qui, sous prétexte de vouloir nous aider, nous font plus de mal que de bien.

Nous voulons que Sarkozy

nous laisse faire,

nous laisse passer.

Nous voulons que la France

nous laisse faire,

nous laisse passer.

Nous voulons que l'Europe

nous laisse faire,

nous laisse passer.

Nous voulons que le monde nous accueille comme nous sommes, tels que nous sommes et non comme la France veut que nous soyons ou que l'Europe voudrait que nous soyons. Nous connaissons le mode d'emploi de la mondialisation. Aucun épouvantail ne nous fera renoncer sur la route de la liberté.

L'Eurafrique ?

Pourquoi pas. Merci pour votre offre. Mais nous sommes déjà dans le monde sous le couvert de l'Europe qui agit par procuration de la France. Nous ne voulons pas de la mondialisation des servitudes. Nous voulons celle des libertés.

Nous voulons simplement :

De l'économie de marché.

De la société ouverte.

De la société de droit.

Ni plus, ni moins.

Sarkozy pourrait-il nous aider dans ce sens ?

A nous libérer des accords précédents ?

Ceux des indépendances ?

Pour enfin nous libérer du carcan post colonial.

Nous ne voulons pas aller dans le monde comme hier nous sommes allés dans l'Europe, par la France.

Nous ne voulons pas de votre liberté en double standard, et sous surveillance.

Nous ne comprenons pas que nos avoirs extérieurs nets en devises soient déposés au Trésor Public de chez vous.

Nous ne comprenons pas que nous soyons perçus comme des contribuables par l'Etat français, alors que vous nous ressassez que la colonisation est terminée depuis belle lurette ?

Nous ne voulons plus de vos accords de coopération qui ne règlent rien, mais qui pillent tout.

Nous voulons être libres de choisir nous-mêmes notre destin.

Libres de choisir nous-mêmes qui nous accompagnera et pour quoi.

Merci de votre sollicitude.

Tu veux que je décide librement ? Soit.

Mais je ne veux pas que tu sois là.

Tu veux que je décide librement ? Mais soit.

Je ne veux pas décider avec toi. Je veux décider seul.

Tu veux que ma volonté se réalise pleinement ?

Oui, je le veux aussi. Mais je ne veux pas réaliser mon destin avec toi. Je veux le faire moi-même, sans guide, ni parrain, ni gourou.

Tu veux t'associer avec moi ? Oui, mais ne me demande pas d'être exclusivement à toi. D'être ta chose. Je veux être libre de m'associer avec qui je veux et comme je le veux et quand je le veux.

La mondialisation telle qu'elle est faite pour moi ne me plait pas. C'est vrai. Je veux la démocratie. Je veux le droit. Je veux la justice. Je veux la propriété libre. Je veux la liberté.

Mais je veux aussi la responsabilité.

Nous avons payé trop cher les mirages de la coopération franco-africaine depuis de longues années.

Cette coopération est étatiste.

Cette coopération est collectiviste.

Cette coopération est monopolistique.

Cette coopération est jacobine et rétrograde.

Je crois que l'échange libre est bénéfique et qu'il doit être la règle de mon jeu dans la mondialisation.

Je crois que la concurrence est un moyen et qu'elle est mon meilleur atout pour réussir à m'enrichir et à prospérer dans la mondialisation.

Les pires des prédateurs qui nous cachent de la mondialisation sont ceux qui viennent s'apitoyer sur mon sort et me considérer comme un grand naïf auquel ils proposent altruisme, protection, aide publique et humanitaire, mais jamais de commerce responsable.

Le plus grand des prédateurs pour nous est celui qui nous rassemble dans un enclos que l'on appelle le Pré carré ou le Champ et nous propose de jouer soit au loup et à l'agneau, soit au renard dans le poulailler.

Nous croyons que la liberté économique annonce et conditionne la liberté politique.

Nous croyons que les esclaves ne peuvent échanger que leurs chaînes. Que le marché est le propre de l'homme. Que nous sommes des hommes et que nous voulons échanger autre chose sur des marchés libres d'accès et de sortie.

Nous croyons à l'économie de marché. Vous vous trompez à notre sujet lorsque vous affirmez le contraire.

Nous croyons au laisser faire et nous nous méfions de toutes les barrières à la concurrence.

Vous craignez l'immigration de la jeunesse africaine en France et en Europe ?

Vous avez tort.

L'immigration subie ou l'immigration choisie ?

Vous posez mal le débat.

L'immigration relève du droit individuel de circuler et est pour nous une des bases de la liberté que nous recherchons.

La France devrait se demander comment une telle liberté pour nous peut devenir un fléau social pour les Français ?

Pour nous, l'étranger a droit au respect de sa vie, de sa dignité et de sa propriété.

Mais nous savons et nous admettons que l'étranger ne peut avoir tous les droits, car nous savons et admettons qu'il n'y a pas de droits sans devoirs.

L'étranger doit se soumettre aux règles sociales de la société qui l'accueille.

Vous avez le sentiment que certains étrangers ne respectent pas les règles de votre société et ont des comportements anormaux ?

Mais ce n'est pas notre faute à nous qui vivons ici dans les pays d'origines de ces immigrés. Les repousser à vos frontières, contrôler leur entrée et sortie de chez vous sont de fausses solutions coûteuses, humiliantes et inefficaces.

Pour vous en sortir, laisser nous vous donner des conseils d'amis et d'alliés.

Abandonnez votre Etat-providence car c'est lui qui attire l'immigré que vous craignez. Les forces d'attraction de chez vous sont aussi fortes que les forces de répulsion d'ici.

De nombreux immigrés apportent à la France leur travail, leur talent, leur argent. Nombreux aussi sont ceux qui fuient les dictateurs et les autres régimes liberticides que vous installez chez nous.

Mais les plus nombreux, ceux qui sont supposés vous faire le plus de mal, sont ceux qui arrivent chez vous, pour profiter comme de nombreux Français de souche, du parasitisme offert par votre Etat-providence. Je présume que vous le savez déjà.

Ceux-là vont en France pour toucher des allocations, pour se livrer à de petits et à de grands trafics, pour profiter des cadeaux qu'offre l'Etat français à ses propres parasites.

Les places sont gratuites chez vous et elles rapportent plus que chez nous car votre Etat-providence est plus généreux que les nôtres, et plus riche aussi.

Nous croyons que par des relations de travail libre, par l'échange marchand, par le libre échange entre la France et nous, l'immigration trouvera solution.

Or vous nous proposez de nous méfier du laissez-faire pour nous accrocher au protectionnisme offert par nos Etats-providence rentiers, pâles copies du vôtre.

Nous voulons que les immigrés qui arrivent chez vous, vous donnent plus qu'ils ne vous prennent, mais votre Etat-providence leur propose la gratuité pour tout ce qu'ils peuvent avoir.

Nous aimons la France pour sa sécurité sociale. Elle nous épargne de faire de grands efforts d'adaptation au monde moderne, d'éduquer correctement nos enfants qui y naissent. Elle nous propose le RMI, les allocations logements, les prestations familiales. Elle nous propose des revenus à peine suffisants pour vivre de façon médiocre sans travailler chez vous. Mais tout cela, vous le savez déjà.

Parmi vos immigrés qui viennent de chez nous se trouvent les plus pauvres des immigrés, les plus mal éduqués, les plus délinquants, les plus mal aimés, les plus mal logés.

Votre Etat-providence nous offre une couverture sociale complète dans des ghettos, des foyers bruyants et violents que vous appelez « logements sociaux ».

Les enfants d'immigrés africains vont dans des écoles où l'on n'apprend presque plus rien, pas même la politesse et le savoir-vivre français que nous admirons de loin, nous qui sommes restés ici au pays. L'école française ne leur apprend pas même la vertu du travail bien fait, pas même le respect des autres.

Nous voulons commercer avec une société française compétitive. Mais votre Etat nous propose des monopoles, des statuts figés, des services publics, des entreprises protégées.

Les Africains de qualité comprennent de plus en plus que vivre chez vous, sous la protection de l'Etat-providence les sclérose, ils vont ailleurs pour être plus compétitifs et faire face aux enjeux du monde actuel.

Ça aussi vous avez dû le constater. Nous pensons que seules des relations marchandes entre la France et l'Afrique révèleront les opportunités d'embauches en qualité et en quantité chez vous comme chez nous. Mais vous semblez avoir peur du marché libre.

Nous ne pensons pas qu'il soit dans les prérogatives de l'Etat-providence de dire qui est qualifié pour entrer et s'installer en France pour bénéficier des droits sociaux. Nous croyons au partenariat direct entre les peuples, entre les jeunes, entre les entreprises. Vous aimez plutôt les rencontres au sommet.

Nous immigrons en grand nombre chez vous parce que notre vie ici, du fait de votre protection bienveillante et providentielle est misérable.

Nous pensons que si vous nous donnez plus de liberté de choix, plus de libertés économiques, la source principale de cette immigration artificielle disparaîtra.

Pour vaincre l'immigration qui vous fait tant peur, brisez les enclos dans lesquels sont enfermés les peuples d'Afrique esclaves de votre générosité.

Un pays comme le Sénégal a perdu dans les mers plus d'hommes candidats à l'immigration que la Côte d'Ivoire avec sa guerre ces six dernières années. L'immigration est aussi un fléau pour nous tant qu'elle sera organisée par votre Etat-providence.

Pour vaincre l'immigration, abandonnez les Etats-providence, abandonnez les accords de coopération rétrogrades et étatistes.

Pour vaincre l'immigration, nous vous offrons la liberté économique.

Au lieu de l'Eurafrique, nous voulons la Librafrique.

Dans la mondialisation, nous savons que les économies nationales sont en compétition. Nous envisagions aller en compétition avec ce que nous avons. Si vous le voulez bien alors laissez-nous faire.

Nous envisagions préciser les droits de propriété de base sur nos terres et nos entreprises d'Etat et les rendre aux entrepreneurs privés. Si vous voulez nous aider alors laissez-nous faire.

Nous rêvons d'adopter des politiques macroéconomiques qui nous évitent les humiliations du surendettement et des déficits budgétaires insupportables. Si vous voulez le faire avec nous, alors laissez-nous faire.

Nous voulons arrêter de tourner nos vues vers le passé. Nous voulons regarder l'avenir avec sérénité. Pour cela, nous rêvons de politiques de croissance fondées sur une épargne domestique capable de nous rendre aptes à financer nos besoins d'investissements risqués. Pour cela, nous rêvons d'un système bancaire moderne qui rompe avec la tradition protectionniste de contrôle des changes et des banques centrales non indépendantes des zones CFA. Si vous voulez nous aider, alors laissez-nous faire.

Nous voulons plus de flexibilité sur nos marchés du travail. Si vous nous aimez, alors laissez-nous faire.

Nous pensons que la lutte contre la corruption est primordiale mais qu'elle ne peut réussir qu'en prenant de vigoureuses mesures et en donnant des exemples qui ne mettent personne au-dessus du droit. Si vous voyez ce que nous voulons dire, alors laissez-nous faire.

Nous voulons que notre prospérité soit bâtie en amitié avec tous les peuples du monde et sans exclusivité. Si vous pensez que le monde est un village planétaire et que la mondialisation est beaucoup moins une affaire d'Etat qu'une affaire de liberté d'échanges, alors laissez-nous faire.

Si vous voulez un véritable discours de rupture, monsieur le président de la République française alors, en plus de définir la politique africaine de la France, il vous faudra désormais intégrer la politique française de l'Afrique.

C'est de la rencontre de ces deux visions sous la contrainte de nos autres relations que naîtra le monde meilleur souhaité par la jeunesse africaine et pour lequel elle est prête à travailler avec toutes les jeunesses du monde. Pour cela, il faut que vous nous laissiez faire.

Les libertés et les droits de l'homme ne se négocient pas. L'autodétermination des peuples est un droit. Vous ne pouvez pas garder les démocraties pour vous et cultiver les autocraties chez nous. Arrêtez de le faire.

Le marché ne peut pas être pour l'Europe et les bureaucraties pour l'Afrique. Arrêtez de le concevoir.

Encore une fois merci d'être venu et d'avoir parlé comme vous avez parlé.

Votre discours avorté de rupture donne une occasion de rupture effective à la Jeunesse d'Afrique si discourtoisement interpellée par vous à Dakar le 26 juillet 2007. Les désirs de rupture d'avec les vues de vos prédécesseurs ne nous intéressent pas, d'autant qu'ils n'iront jamais jusqu'à la remise en cause des fondamentaux de la traditionnelle politique africaine de la France. Par contre, nous avons avec la mondialisation l'occasion de rompre avec le modèle de coopération que la France nous propose. Merci de nous avoir donné l’occasion de vous le dire.

Parce que nous avons compris que, si pour le moment, la rupture, ce n'est pas pour vous, nous vous indiquons que c'est avec vous, nouvelles et anciennes élites françaises, que nous, jeunes d'Afrique, nous rompons.

VII- L'HISTOIRE, LA MISERE ET LA DIGNITE

« Je ne suis pas venu effacer le passé, car le passé ne s'efface pas.
Je ne suis pas venu nier les fautes ni les crimes, car il y a eu des fautes et il y a eu des crimes.
Il y a eu la traite négrière, il y a eu l'esclavage, les hommes, les femmes, les enfants achetés et vendus comme des marchandises. Et ce crime ne fut pas seulement un crime contre les Africains, ce fut un crime contre l'homme, un crime contre l'humanité,
(...) Cette souffrance de l'homme noir c'est la souffrance de tous les hommes. Cette blessure ouverte dans l'âme de l'homme noir est une blessure ouverte dans l'âme de tous les hommes.
Mais nul ne peut demander aux générations d'aujourd'hui d'expier ce crime perpétré par les générations passées. Nul ne peut demander aux fils de se repentir des fautes de leurs pères.
Jeunesse d'Afrique, je ne suis pas venu te parler de repentance. Je suis venu te dire que je ressens la traite et l'esclavage comme des crimes envers l'humanité. Je suis venu te dire que ta déchirure et ta souffrance sont miennes. Je suis venu te proposer de regarder ensemble, Africains et Français, au-delà de cette déchirure et de cette souffrance.
Je suis venu te proposer, jeunesse d'Afrique, non d'oublier cette déchirure et cette souffrance qui ne peuvent pas être oubliées, mais de les dépasser.
Je suis venu te proposer, jeunesse d'Afrique, non de ressasser ensemble le passé mais d'en tirer ensemble les leçons et de regarder ensemble vers l'avenir. »

Nicolas Sarkozy
Dakar, le 26 juillet 2007

1) Pourquoi la France est-elle si frileuse sur la question de son histoire avec le continent africain ?

Alors qu'aujourd'hui, les grandes démocraties affrontent courageusement leur passé, en reconnaissant les torts causés aux peuples, en leur présentant des excuses, et même en allant plus loin parfois.

A travers l'histoire des hommes, des peuples ont assujetti d'autres. L'expression de cet avilissement prend diverses formes parmi lesquelles, l'envahissement, l'occupation, l'esclavage, le colonialisme, l'assimilation ou la guerre, le génocide.

Lorsque le peuple victime finit par retrouver des forces, par lui-même ou avec le concours d'autres, il organise un procès pour se faire justice et exige réparation, comme la France a pu le faire avec l'Allemagne de la seconde guerre mondiale.

Mais, lorsque le peuple victime est encore trop faible par rapport à son bourreau, pour être en mesure d'exiger la reconnaissance des faits qui peut conduire au mea culpa et réparation, le processus de réconciliation peut émaner du peuple bourreau sur lequel le temps aura fait son œuvre et permis la prise de conscience collective qui engendre le devoir de mémoire. C'est dans ce cheminement intrinsèque que certaines grandes Nations s'engagent aujourd'hui pour se réconcilier avec la face peu reluisante de leur histoire. L'exemple de l'Italie, dernier d'une liste qui commence à s'allonger, timidement mais significativement, l'Italie vient de faire son entrée dans le club des États qui, dans le passé, ont partagé une histoire tumultueuse avec d'autres peuples, et qui ont décidé d'affronter la face peu glorieuse de cette histoire.

Tout a commencé par une petite, au regard d'autres, une trentaine d'années de colonialisme de la Libye, qui s'est étalé de 1911 à 1942. La petitesse de la durée n'a rien enlevé à la profondeur de la tragédie vécue par le peuple libyen, si l'on rappelle que dans l'histoire de l'humanité, la Libye a été le premier pays victime d'un bombardement aérien.

Il ne s'agit pas ici de retracer les horreurs que charrie toute colonisation, tout le monde sait de quoi c'est fait, mais de souligner la démarche que l'État italien a menée, et qui a conduit son Premier ministre, Silvio Berlusconi, à reconnaître publiquement et solennellement, tous les torts causés par l'administration coloniale au peuple libyen, et à s'engager à un dédommagement à hauteur de 5 milliards de dollars, pour « tourner définitivement la page du passé », a-t-il déclaré.

D'une part, il est évident que la quantification des dommages et leurs conséquences qui persistent à ce jour, est une tâche difficile, voire impossible. Par conséquent, aussi considérable que puisse paraître l'évaluation du montant du dédommagement, il ne peut revêtir qu'un caractère forfaitaire et surtout symbolique. D'autre part, « tourner définitivement la page du passé », comme indiqué par Berlusconi, ne peut signifier, au mieux, que la fin de toute nouvelle revendication financière de compensation, et non l'effacement de la mémoire qui doit d'ailleurs être préservée et commémorée.

Si l'on peut supputer sur l'opportunisme dont fait preuve l'État italien en alliant son devoir de mémoire aux contraintes économiques qu'impose la mondialisation, il n'en demeure pas moins que l'acte est posé, et que pour le peuple victime, cela représente une libération psychologique majeure qui ouvre la porte sur le deuil qui peut enfin être consommé. Reconnaître le statut de victime à un peuple, surtout par le bourreau d'hier, c'est le défaire du poids de l'influence négative de l'histoire, et le dévêtir de son complexe de peuple infériorisé. Son génie créateur peut alors se libérer. C'est aussi cela, le droit des peuples.

Dans notre société moderne, la reconnaissance des faits est le minimum que l'on demande à l'auteur d'un crime, ne fût-ce que, pour que la famille puisse faire son deuil.

Personne ne peut reprocher à l'Italie d'avoir franchi le pas, trop tard. Il n'y a jamais prescription pour des douleurs de cette nature. En revanche, ce qu'il faut souligner, c'est le courage politique de l'État italien d'aujourd'hui qui assume, au nom du peuple italien, les actes que les gouvernements passés ont posés. C'est aussi cela, la continuité de l'État, et l'expression de la grandeur d'un peuple, comme l'ont précédemment montré les Allemands.

2) Le franc-parler de l'Allemagne

Toujours en Europe. Cette fois, c'est l'Allemagne. Chaque pays trouve la formule appropriée pour préparer sa réconciliation avec les peuples qu'il a agressés dans le passé. Pour sa part, l'Allemagne s'est focalisée sur un événement précis pour amorcer le processus. Le massacre de milliers de Hereros, des populations de l'actuelle Namibie, par les troupes allemandes commandées par le général Lothar Von Trotha en août 1904. Les excuses ont été exprimées en août 2004, au nom du gouvernement et du peuple allemands, par la ministre allemande du Développement, Heidemarie Wieczorek-Zeul, lors de la commémoration en Namibie de ce massacre, en des termes très clairs : « Les atrocités commises à cette époque seraient appelées aujourd'hui génocide et le général Von Trotha serait traduit en justice et condamné »; « Nous Allemands, acceptons notre responsabilité morale et historique et la culpabilité des Allemands à cette époque »; « J'ai un grand respect pour vos ancêtres qui sont morts pendant le soulèvement. Ceux qui ne se souviennent pas du passé sont aveugles face au présent. L'Allemagne a appris les amères leçons du passé »; « Au nom de Dieu, je vous demande de nous pardonner »; « Chaque chose que j'ai dite est une excuse et je veux que cela soit clair pour qu'il n'y ait pas de malentendus », a-t-elle déclaré. En posant un tel geste, l'Allemagne renforce la position de ses ressortissants installés par milliers en Namibie, et ouvre la voie d'une réconciliation sérieuse avec ce peuple, ce qui profitera aux intérêts des deux parties. C'est ce que les Canadiens aussi ont compris.

3) Le réalisme du Canada

Autre lieu, autre continent, autre pays, le Canada. Mais démarche similaire. Le Premier ministre Stephen Harper a présenté le 11 juin 2008, au nom du gouvernement de son pays, les excuses officielles aux populations indiennes et inuites. « Il n'y a pas de place au Canada pour les attitudes qui ont pu inspirer les pensionnats indiens. Le gouvernement s'excuse et demande pardon », a déclaré Harper. En effet, dès le 19ème siècle, le gouvernement canadien, au plus fort de la politique d'assimilation en vogue, a enrôlé de force dans des pensionnats, des milliers de petits Indiens, arrachés à leurs parents. Ils y ont subi les pires sévices.

Très multiracial aujourd'hui, le peuple canadien a affronté son histoire, fait son examen de conscience et jugé inacceptables les actes posés par les gouvernements d'alors. Une fois cette étape de devoir de mémoire passée, le reste est pure procédure. Le Canada l'a fait ; il s'est excusé et il a dédommagé. On parle de 3 milliards d'euros environ.

Même s'il s'agit d'une action de repentance menée à l'intérieur de son propre territoire et de sa propre nation d'aujourd'hui, cela n'enlève rien à la grandeur du geste canadien. Peu importe s'il s'agit de faire preuve de réalisme dicté par un contexte économique et social. Ce qu'il faut retenir, c'est cette volonté de réparation à l'endroit d'un peuple abusé, qu'il soit étranger ou de la même Nation que le coupable ; c'est ce que les Australiens aussi ont fait.

4) Le grand symbole de l'Australie

Un autre continent encore, et un autre pays, l'australie. Mais la même politique d'assimilation et la même nécessité de se repentir. Durant une période à cheval sur les 19ème et 20ème siècle, tous les gouvernements australiens ont mené une politique raciste dont les aborigènes ont été victimes, caractérisée par l'assimilation des enfants soustraits à leurs parents et remis à des familles blanches supposées les civiliser, au mépris de leurs droits fondamentaux.

Après l'indispensable devoir de conscience, suivi du travail de mémoire sur les populations, fondé sur de multiples études, le gouvernement du Premier ministre Kevin Rudd décide de passer à l'acte fondateur d'une nouvelle relation entre les différentes communautés composant la Nation australienne.

Le 13 février 2008, Kevin Rudd déclare à la tribune du Parlement, « Nous présentons nos excuses pour les lois et les politiques des parlements et gouvernements successifs qui ont infligé une peine, une douleur et une perte profondes à nos compatriotes. Pour la douleur et les souffrances subies par ces générations volées, leurs descendants et leurs familles, nous demandons pardon. Et pour l'atteinte à la dignité et l'humiliation infligée à un peuple fier de lui-même et de sa culture ». Pour cette promesse électorale à laquelle il souscrivait trois mois après son élection, Kevin Rudd multiplie les symboles, allant jusqu'à poser un genou à terre devant une aborigène qui lui offrait un cadeau lors de cette cérémonie de repentance officielle.

Sans évoquer les drames et crimes commis pendant les deux siècles, citons un seul élément qui illustre à lui tout seul les conséquences actuelles de cette politique. Alors qu'ils vivent dans le même pays, dans les mêmes villes et soumis aux mêmes lois, la communauté blanche jouit d'une espérance de vie de 75 ans, contre seulement 53 pour les aborigènes.

Avant le Premier ministre Kevin Rudd, son prédécesseur John Howard, comme d'autres le font aujourd'hui ailleurs, s'était toujours refusé à engager le processus de réconciliation fortement recommandé par les études. Ce type de verrou a aussi existé chez les Américains.

5) Le pas décisif des États-Unis d'Amérique

Retour sur un autre continent, et un autre grand pays qui affronte la douloureuse partie de son histoire. Les États-Unis d'Amérique. Leur grande blessure historique, c'est l'esclavage.

Le peuple américain a lancé à la tribune de la Chambre des Représentants, par la voix du parlementaire Steve Cohen, une phrase qui incarne au niveau fédéral la volonté de finir avec les crimes contre ceux qui sont devenus citoyens américains. Cohen disait : « Au nom des citoyens des États-Unis, la Chambre des représentants présente ses excuses aux Africains-Américains pour les erreurs commises contre eux et à leurs ancêtres qui ont souffert de l'esclavage et des lois Jim Crow invitant à la ségrégation raciale ». Jim Crow étant le père des lois ségrégationnistes dont les Noirs furent largement victimes, lois abolies en 1954 et 1964.

Même si Cohen a utilisé le terme adoucissant 'Erreur' pour qualifier les atrocités dont il est question, cela n'enlève rien au geste fort que représente cette volonté au niveau fédéral de briser le mur que l'histoire a dressé entre les communautés.

Cette décision fédérale est la suite logique des actes de repentance similaires que certains États avaient déjà posés. Ce fut le cas de la Virginie, du Maryland, de la Caroline du Nord, de l'Alabama, de la Floride, et même du Sénat américain lorsqu'il a présenté ses excuses aux Indiens en février 2008. Les « regrets » du président Clinton et les propos du président George W. Bush qualifiant l'esclavage de « l'un des plus grands crimes de l'histoire » ont certainement contribué à obtenir ce pardon fédéral.

Ce qu'il y a de véritablement encourageant, c'est l'engagement des parlementaires à œuvrer pour corriger « les conséquences persistantes », selon leurs propos, de ce qu'ils qualifient de « la fondamentale injustice, la cruauté, la brutalité et l'inhumanité ». Tout y est dit. Ce qui s'est produit durant des siècles a incontestablement des conséquences sur la vie d'aujourd'hui.

A côté des pays comme l'Italie, le Canada, l'Australie et les États-Unis qui tiennent actuellement le haut de l'affiche dans cette nécessité d'avoir le courage d'engager le processus qui peut conduire à clore définitivement le chapitre douloureux des atrocités infligées à un autre peuple, il y a la position britannique.

6) La timidité de la Grande Bretagne

En 2005, pendant six mois, la Grande-Bretagne a célébré à grand renfort de couverture médiatique, l'abolition 200 ans plutôt par le parlement britannique, de l'esclavage subi par les Africains. La société civile a été grandement impliquée dans cette commémoration, et les médias ont alors largement mis en lumière le rôle prépondérant joué par la monarchie et l'église, et les bénéfices directs qu'ils en ont tirés.

En ce qui la concerne, l'Eglise anglicane s'est prononcée sur son rôle dans l'esclavage et a présenté des excuses officielles en « reconnaissant les dégâts causés aux héritiers de ceux qui y ont été placés », et en recommandant à la société britannique dans son entièreté la nécessité d'en faire autant. Le Premier ministre britannique d'alors a-t-il entendu cette recommandation ? Toujours est-il qu'il a exprimé son « profond regret », comme le fit Clinton avant lui. On peut déjà se réjouir de cette première étape timide venant de Londres, en pensant que celle de Clinton en était une qui a contribué au pardon fédéral exprimé par les parlementaires américains quelques années plus tard.

Quant à la question de la réparation, l'État britannique n'en est pas encore là, mais l'Archevêque de Canterburry en accepte le principe, tout en reconnaissant la complexité de sa mise en œuvre.

Tout ce frémissement augure d'un avenir prometteur de voir la Grande-Bretagne suivre les pas de pays qui ont déjà franchi le Rubicon. Qu'en est-il alors des français ?

7) La frilosité de la France

De tous les pays ayant pratiqué l'esclavage des Africains et disposé de colonies, la France semble être la seule grande démocratie occidentale à traîner lourdement les pas dans l'engagement au processus de réconciliation, comme le témoignent les propos récurrents du président Sarkozy, rapportés le 10 mai 2007 par le journal français l'Humanité, comme suit « Au bout du chemin de la repentance et de la détestation de soi il y a, ne nous y trompons pas, le communautarisme et la loi des tribus. » Paris, discours d'investiture en tant que candidat UMP, 14 janvier 2007. « Je déteste la repentance qui veut nous interdire d'être fiers d'être Français, qui est la porte ouverte à la concurrence des mémoires, qui dresse les Français les uns contre les autres en fonction de leurs origines et qui est un obstacle à l'intégration parce qu'on a rarement envie de s'intégrer à ce que l'on a appris à détester. » Lyon, 5

avril 2007. « Je déteste cette repentance qui est une falsification de l'histoire de la France.
Car la France n'a pas à avoir honte de son histoire. » Metz, 17 avril. « Pourquoi tant de haine ? Parce que je n'accepte pas la repentance ? Parce que je ne veux pas qu'on demande aux enfants d'expier les fautes supposées de leurs pères ? Parce que je considère que la France n'a pas à avoir honte de son histoire ? Parce que je dis que la France n'a pas inventé la solution finale, ni commis de génocide et qu'elle est le pays au monde qui a le plus fait pour la liberté des hommes ? » Dijon, 23 avril 2007. « Il y avait la repentance qui demandait aux fils d'expier les fautes supposées de leurs pères et même de leurs aïeux ou de leurs ancêtres. Il fallait expier l'histoire de la France, il fallait expier les croisades, les révolutions, les guerres, la colonisation. Tout, il fallait tout expier. » Montpellier, 3 mai 2007.

On ne peut plus clair sur le manque de volonté politique d'accorder aux victimes, le droit d'entendre le bourreau reconnaître ses crimes, puis participer à gommer les conséquences qui en découlent.

Comment réagirait la famille d'une victime, si elle entendait l'auteur du crime reconnaître son forfait et refuser de présenter les excuses qui s'imposent ? C'est exactement ce comportement que Sarkozy a eu en décembre 2007 à Alger, lorsqu'il déclarait : « Oui, le système colonial a été profondément injuste, contraire aux trois mots fondateurs de notre République : liberté, égalité, fraternité », tout en s'abstenant de présenter les excuses du gouvernement français. Cet acharnement à repousser toute idée de repentance cache mal l'embarras de Paris, comme l'illustre la valse hésitation des députés français qui d'un côté, votent en mai 2001 la loi Taubira, du nom de la député Christiane Taubira, qui qualifie l'esclavage de crime contre l'humanité, et se précipitent d'autre part, à voter en février 2005, une autre demandant aux programmes français, au sujet de la colonisation, de « reconnaître le rôle positif de la présence française outre-mer », soulevant ainsi un tollé général qui fait échec à l'article incriminé.

Comment comprendre cette position de l'État français, quand on sait qu'il aime à proclamer que la France est le pays des droits de l'Homme, ce qu'elle sait effectivement être dans certaines circonstances ?

Certaines pistes peuvent permettre de comprendre ce mal-être de la France face aux différentes périodes sombres de son histoire avec l'Afrique. En effet, on peut simplement observer que si la France est si gênée et frileuse à s'engager dans l'initiative de la repentance, c'est parce qu'elle n'a pas encore véritablement rompu avec toutes les formes des faits qui nécessitent des excuses.

On ne peut logiquement pas demander pardon pour un acte que l'on continue de poser, ni de tourner la page sur laquelle l'on continue d'écrire. En cela la France est logique avec elle-même. Elle est encore tellement présente, et pas toujours de manière glorieuse, dans la vie politique et économique de ses anciennes colonies, qu'il lui est quasiment impossible de parler de ses crimes comme si c'était du passé.

Une autre chose qui illustre le paradoxe de la France, c'est la comparaison que l'on peut faire avec les Etats-Unis. La France a environ deux cents ans d'histoire républicaine, tout comme l'Amérique depuis l'établissement de son État fédéral.

Autant en l'espace de deux siècles, les Etats-Unis, en dépit des insuffisances que l'on peut encore déplorer aujourd'hui au sein de la société américaine, ont pu produire un président, potentiel à ce jour, issu de la communauté noire qui est représentée au sein de toutes leurs Institutions, la haute administration civile et militaire, les médias, et dans le sommet des grandes entreprises, autant les gouvernements français successifs refusent la promotion de ses citoyens d'origine immigrée dans les hauteurs de leurs Institutions, la haute administration, et dans la représentation du paysage médiatique. Certes l'histoire de ces deux pays n'est pas la même, mais les faits sont là. Autant l'Amérique a été très difficile pour les Noirs, autant elle leur a offert certaines chances. En revanche, autant sous la IVème République on trouvait des députés noirs, autant aujourd'hui on les cherche en vain à l'Assemblée.

Après être passée de l'esclavage au colonialisme, puis aux accords de coopération protectionnistes, la France est arrivée au bout d'un chemin où il lui est difficile de trouver une nouvelle formule lui garantissant les mêmes privilèges d'antan, en cette période de mondialisation que d'autres pays comptent bien mettre à profit. L'époque ne s'y prête plus et les Africains ne veulent plus se laisser faire.

Il est indispensable, tant pour le bénéfice de l'Afrique que pour celui de la France, que cette dernière remette en cause ses pratiques actuelles, afin de pouvoir se donner les moyens d'ouvrir les voies d'une réconciliation avec une bonne partie de l'Afrique. Maintenant que la pratique de la repentance semble devenir une approche qui tend à se généraliser, les Africains deviennent de plus en plus impatients.

La France ne doit pas commettre l'erreur d'ignorer cette soif plus prenante que la pire des sécheresses. C'est le sens de l'histoire. Chaque jour qui passe est un jour qui éloigne d'autant l'Afrique de la France.

Lorsqu'elle sera prête, il faudra à la France affronter l'esclavage qu'elle a pratiqué quatre siècles durant, la colonisation qu'elle a développée pendant un siècle, et le mode de « coopération » qu'elle a instauré depuis un demi siècle avec les pays africains. Nous reconnaissons que cela fait beaucoup pour la France, mais cela est à l'échelle des tragédies causées par elle, et nous avons confiance. La France, elle est grande, et elle saura absorber le choc, dès lors que la volonté politique s'établira. Elle trouvera alors à ses côtés, une Afrique prête à pardonner et accepter de nouvelles règles, ce qu'elle réclame du moins.

En Italie, en Allemagne, au Canada, en Australie, aux Etats-Unis, en Grande Bretagne, plusieurs gouvernements se sont opposés à toute repentance, avant qu'un groupe d'hommes politiques courageux prennent à bras-le-corps le sujet et le conduisent à son terme. La France n'y échappera pas. Ce n'est qu'une question de temps, et il joue pour l'Afrique.

Références bibliographiques

Jude Wanniski “The way the world works” ; 1978 ;

William EASTERLY in “Les pays pauvres sont-ils condamnés à le rester ? ” ; p. 252 ; 2006.

Table des matières

L'HARMATTAN, ITALIA
Via Degli Artisti 15 ; 10124 Torino

L'HARMATTAN HONGRIE
Könyvesbolt ; Kossuth L. u. 14-16
1053 Budapest

L'HARMATTAN BURKINA FASO
Rue 15.167 Route du Pô Patte d'oie
12 BP 226
Ouagadougou 12
(00226) 76 59 79 86

ESPACE L'HARMATTAN KINSHASA
Faculté des Sciences Sociales,
Politiques et Administratives
BP243, KIN XI ; Université de Kinshasa

L'HARMATTAN GUINEE
Almamya Rue KA 028
En face du restaurant le cèdre
OKB agency BP 3470 Conakry
(00224) 60 20 85 08
harmattanguinee@yahoo.fr

L'HARMATTAN COTE D'IVOIRE
M. Etien N'dah Ahmon
Résidence Karl / cité des arts
Abidjan-Cocody 03 BP 1588 Abidjan 03
(00225) 05 77 87 31

L'HARMATTAN MAURITANIE
Espace El Kettab du livre francophone
N° 472 avenue Palais des Congrès
BP 316 Nouakchott
(00222) 63 25 980

L'HARMATTAN CAMEROUN
BP 11486
(00237) 458 67 00
(00237) 976 61 66

34363 - decembre 2011
Achevé d'imprimer par